JN284622

一人ひとりの社会福祉

豊田謙二 著
TOYOTA Kenji

ナカニシヤ出版

はじめに

　3月，木々の新芽が芽吹く頃，卒業の時期を迎える。若者にとって，将来設計への期待を胸に，と言いたいのだが，若者を取り巻く状況は劣悪としか言えない。3年次なのに「就活」へと急ぐ学生，正規就業を希望しつつ，せめて非正規就業でもと，就職への不安は大きい。非正規就業から正規への途は絶望的と分かっていても，若者にはそれが生きる術なのである。

　セイフティネットは穴だらけ，国民年金は未納者が半数を超えて「皆年金」に黄信号が灯る。医療保険でも子どもの「無保険」が話題となり，応急措置で対応。社会保険制度の崩壊が議論されているうちに，いよいよ社会の「自壊」論が現われた。虐待は，子ども，高齢者，さらに現役世代にも及ぶ。過労死で象徴される長時間労働は虐待でなくてなんであろうか。

　問題が多岐にわたり深刻化している。社会保障制度のみならず，社会形成の再構築が不可欠である，その点では異議のないところであろう。だが，どの点から問題を構成すれば，少なくとも現状の課題が見えてくるのだろうか。法制度が崩壊している，とメディアはこぞって強調しているが，制度は見えないし崩壊の状況も見えることではない。見えているのは人間の身体や行動や表情だけである。

　数値で見える，という反論があろう。数値が見える，という点では異議はない。ただし，それは数値でしかない。数値では基準を決めて，それ以上か否かの判定領域が示される。その例は，「メタボリック」狂騒曲で垣間見た。その世界では，「cm」と検診者「％」が見えていて，生活者としての人間が消えてしまう。目標が数値だからである。

　見える世界からことを起こしたいのである。そこで，現在の「個別化」という現象に注目した。聞きなれた言葉であり，特別な説明は不要であろう。

だが，個別化を促がす要因を推定することは，不可欠な考察となる。要因は三つである。順に説明しよう。

① 単身世帯の増加。国勢調査等で話題にされている事象である。長寿化の過程においてパートナーとの死別あるいは未婚のままの長寿化，それが単身世帯を生む。単身者同士が共同で生活できれば，単身という負担とリスクを軽減できる。でも，それはごく限られたケースであり，大多数は身軽な単身を志向する。

② 個人化の増加。この個人化傾向として，最も象徴的なことは携帯電話の普及である。携帯電話と固定電話との相違は，個人と家族との対照である。固定電話は家族に1台であり，共有である。だから，個々の家族メンバーの通信の秘密は保障されない。食事を一人で，その「個食化」もこの一例である。

③ 個別化の増加。社会保障制度には社会保険制度を中心に給付，つまり社会サービスが用意されている。その給付は個々の受給権者に提供される。被保険者が受給権者の候補であり，その意味では給付は個人化を促している。それはいいとしても，金銭給付のその先が課題となる。つまり，お金の提供だけでは個別化に向かうからである。

ここで，一人ひとりが見えてくる。公園でブルーシートのなかで休む人，地下街の片隅で休む人，ハローワークの前で列をつくる人，施設で歌を歌う認知症のある人，多くの様々な人がその窮状を訴えている。この日本には窮状を訴える一人ひとりに添いつつ，援助する伝統や歴史がない。つまり，「ソーシャルワーク（＝social work）」が見えない。ここで難しいのが訳語である。"social work" は，「社会事業」と邦訳されてきた。その意味は，「公衆の福利を増進するための，組織的活動による事業。貧困者救済・児童保護・医療保険など」（『岩波国語辞典』第4版）となる。

この訳語では「事業」が主で，「救済」を受けるべき一人ひとりが消えている。また，ソーシャルワークは，「社会福祉実践」とも邦訳されている。だが，日本では肝腎の社会的実践に欠けているのだから，言行不一致と言え

る。だから，実践を意味するソーシャルワークに，この邦訳をあてられない。以下では，ソーシャルワークという表現で通すことにしたい。

さて，「個人化」という現象に議論を戻そう。

個人化は避けられない，と私は観察するのだが，望まない「個人化」は悲嘆と孤独に悩む。一人暮らしをみずから引き受ける人は，それに対して健康的に見える。とても大切なことは，一人暮らしとは「社会的なこと」，つまり社会的に生活することである。その生活に不都合が生じれば，ソーシャルワークの援助が必要とされる。ソーシャルワークは「添いの知」の実践である。それは，医療現場での「科学の知」と対抗しつつ，新たな共生の社会を導くのである。

社会福祉を対象とする学問を「社会福祉学」，と称しているが，隣接する諸学，たとえば社会学，法学，あるいは経済学と対比して，その特性は「一人ひとり」に関わることにある，と思っている。と同時に，「社会的なこと」についての学問的・歴史的認識が重要である。

本書は，ソーシャルワークの重要性を強く打ち出すために，一人ひとりを基本の生活単位とし，その社会的環境づくりについて考察している。とくに，アジアに位置する国では，「社会的」というキーワードの理解が，私にとっても非常に難しい。考察のなかでしばしば顧みては，検討を試みている。第1章は，その「社会的なこと」について，まず課題の主題化を主テーマとしている。

第2章と最終の第8章とは，対応させて記述している。第2章では公共性という方法的概念の必要性を，公と私，営利と非営利との対抗のなかで示す。また，第8章の課題は公共性のなかでの社会運動のあり方について提案することにある。横へとつなぐ，あるいは垂直的ではなく水平的につなぐ，それは，地域や国境などの境界を越えてつなぐ，支え支えられるソーシャルワークの実践である。

第3章はエコロジカルな循環を正面から課題とした。現在という時代が，身体としての自然，生活世界のなかの自然，そして生物多様性を消そうとし

ているからである。虐待を防ぐ，孤立をつなぐ，施しではなく仕事を，そうした課題の基底に身体感覚が関わる。人間らしく生きるには，文化としての社会的なことと自然としての生命と感覚を維持する必要がある。

　第4章は，いわゆる社会保険制度への検証である。その制度の綻びをどのように見るかは，私たちの判断にある。社会保険制度の基底にある「社会的なこと」，そして社会的連帯を歴史的に検証しつつ，現代的な課題として「社会的なこと」の再生に筆を伸ばす。

　第5章から第7章では，「社会的なこと」を中心テーマとして，身体障害のある人，精神障害のある人，そして認知症のある人，それぞれの人とのソーシャルワーク，そこに私は「添いの知」を学んだ。他者が先，その他者に添うこと，あるソーシャルワーカーはそこに専門性がある，という。そこに私は，科学・医療分野における「科学の知」との大きな相違を確認したのである。

　ソーシャルワークでの添いの知が，崩壊する家族関係，職場・地域での人間関係，地域と国外の地域をむすぶインターローカリティ，それらにおける主要なつなぎになりうると思うのである。

　　2011年　陽春の日，熊本にて

豊 田 謙 二

目次

はじめに　*i*

第1章　社会的なこと，日本とドイツ　　3

1　子どもの村福岡　　4

2　医療・福祉支援の（財）ベーテル　　7

第2章　なぜ公共性なのか
　　　　──「公」と「私」──

1　「公的なこと」と「私的なこと」　　13

2　「一人ひとり」と公的なこと　　17

3　市場経済と「非営利的なこと」　　19

4　「営利」と「非営利」　　22

第3章　エコロジカルな循環と生活環境　　29

1　宝子に学ぶ水俣病　　30

2　化学物質と予防の原則　　33

3　消費から生産へのエコロジカルな循環　　37

第4章　社会的リスクと社会保険制度　45

1　社会保険制度の利点と欠点　45

2　社会的リスクと保険原理　49

3　「社会的なこと」と「経済的なこと」　55

第5章　バリアを低くして社会参加へ　62

1　ウェルビーングと生活環境　63

2　「寝たきり」を起こす　63

3　福祉用具活用の効果　65

4　社会に参加する　66

5　小さなテクノロジーを活かす　69

6　ICFの示す理念　71

7　一人ひとりへの環境づくり　73

8　人間とは，と問う　75

第6章　精神障害のある人を地域で支える　78

1　制度としての精神病院　79

2　地域で支える実践事例　89

第7章　認知症のある人に添う　97

1　認知症発見のその後　98

2　役に立ちたい ……………………………………………… 102

　　3　添いの知と医学の知 …………………………………… 106

第8章　共生から新たな公共性の形成へ ……………… 114

　　1　孤立は絶対的貧困 ……………………………………… 114

　　2　「つなぐ」地域ネットワーク事業 ……………………… 118

　　3　生物多様性としての人間世界 ………………………… 122

　　4　共生と新たな公共性 …………………………………… 125

　　5　添いの知と科学の知 …………………………………… 130

＊

注　135

社会政策社会福祉に関する略年史　143

参考文献　148

むすびに　152

索　引　154

一人ひとりの社会福祉

第1章　社会的なこと，日本とドイツ

> ベーテルには錠前屋も家具屋も農家も本屋も，その他あらゆる職業の人がいます。病人たちは，一緒に生活をして働いています。世の中には，才能のない，何にもうまくできない人など存在しません。一番弱い病人でも，ほんの少しですが庭園で働いていますし，また調理場でもちゃんと役に立っています。私たちのベーテルでは，病人も健康な者も，一緒に暮らし一緒に働いているのです。そして共に祈り，歌い，喜び合い，そして共に泣くのです。
> 　　　　　　　　フリードリッヒ・フォン・ボーデンシュヴィング [1]

　よく見ているつもりなのに見えていない。でも，とてもよく見えている人がいる。では，よく見るとはどういうことなのだろうか。見えていないとはどういうことなのか。

　私のなかでも見えることと見えないことの不思議がある。路上で廃棄物リサイクル回収のための，回収ステーションがある。思わず立ち止まり，そのステーションに目がひきつけられてしまう。分別の状態に視線が引き付けられる。廃棄物政策について研究した成果なのか。公衆トイレにお邪魔すると，その仕様が気にかかる。便座の位置，手すりの高さ，緊急呼び出し装置へと目はトイレ内を一巡する。バリアフリーの調査研究の賜物であろうか。私には，見ようとする意図はないのに，私の身体がおのずから反応している。

　こうした経験は私だけではないであろう。仕事のうえで学生と福祉現場に行くことが多い。施設についての，あるいはスタッフのどこに注目するのか，それは難しい。何を見たかについて，実習の後の学生諸君の感想を聞きつつ，

改めてそう思う。

　この章では，私が訪ねた二つの施設について，私に見えたことを記述している。それぞれの施設では，短い時間の訪問ながら深い感動を得たが，それを正確に伝えることも難しい。ここでは，思考あるいは議論のための素材として提供することにしたい。

1　子どもの村福岡

　「SOSキンダードルフ（＝SOS Kinderdorf）」，「Kinder」は子どもたち，「Dorf」は村，したがって「キンダードルフ」とは子どもの村である。ちなみに，「Kindergarten」は「Garten」が遊び場なので，幼稚園と邦訳されている。わが国の幼稚園の歴史は古く，1876年に初めて，東京女子師範（現在のお茶の水女子大学）附属幼稚園で開設される。それは，1840年フレーベルによって，就学前教育としてフランケンブルクに開設された幼稚園を，模したものである。

　2010年4月24日，日本最初のNPO法人「子どもの村福岡」が開設された。福岡市の西区今津，その地は1191年（建久二年）に宋の国から茶種を持ち帰った臨済宗禅師の栄西に因む土地である。その今津は，中世では，北部九州での博多津とともに国際港であった。新しい文化を導入するに相応しい進取の気に富む地である。子どもの村は1949年にオーストリアのイムストという町に，戦災孤児の保護のためにつくられた。世界132か国に設置され，子どもの村福岡は世界で133番目である。

　子どもの村福岡は，「すべての子どもに愛ある家庭を」，という目標に向けて準備が進められてきた。その設置趣旨の概要を示すことにしよう[(2)]。

　①里親制度をいかした「新しい家庭的養護」のしくみづくり。
　②育親（＝里親）が子ども3‐5人とともに家族として生活し，5軒の家で構成。
　③5軒の家をもって「村」と称し，村長をおく。村長を中心として「大き

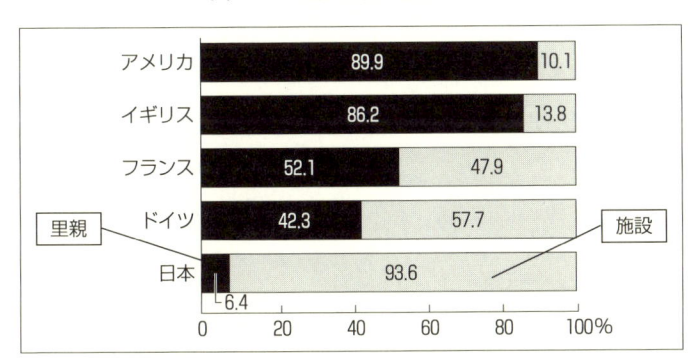

図1-1　里親制度の国際比較

国	里親	施設
アメリカ	89.9	10.1
イギリス	86.2	13.8
フランス	52.1	47.9
ドイツ	42.3	57.7
日本	6.4	93.6

（注）　2003年資料でみる新しい里親制度　財)全国里親会。
（出所）「特定非営利活動法人，子どもの村福岡を設立する会」2010年。

な家族」とし，この中核に「センターハウス」を設ける。
④設立主体のNPOを中心に，市民，行政，企業，および社会的養護関係者との連携の構築。
⑤「子どもの権利」を基盤にして，子育てや子ども政策への支援活動の展開。

　この趣旨のなかで注目したいのが「里親」制度である。図1-1でみられるように，わが国での里親制度の普及は，欧米諸国に比べると皆無に近い。里親制度が進展しない理由は，PR不足，血縁重視，支援制度の未整備などが挙げられているが，ここではその議論には踏み込まない。
　では，子どもの村福岡で預かる子どもはどこからやってくるのだろうか。被虐待児である。ここに光明と困惑が広がる。「光明」というのは，生まれ落ちた家庭での育ちがかなわずに，でも新しい家庭づくりが始まること。「困惑」とは，子どもの村福岡出身の子どもは，その生涯において「被虐待児」のレッテルが貼られる，という危惧である。人間として成長するなかで，その過程が重要なのである。子どもの村福岡がその設立にあたって「趣意書」を作成したが，そのなかに重要なことが語られている。
　虐待を受けた子どもが，家族から引き離されてどこで生活を継続するのか，

という現状についてである。わが国ではほとんどの子どもが，児童養護施設への入所となる。その施設は，「保護者のない児童，（中略）虐待されている児童その他環境上養護を要する児童を入所させて，これを養護し，あわせて退所した者に対する相談その他の自立のための援助を行うことを目的とする施設」である。

　子どもの虐待事件が増加を続けている。ということは，虐待されている子どもが増え続けている，ということになる。虐待された子どものほとんどが，何らかの障害を抱えているという。その子どもの多くが児童養護施設に入所するという。その施設規模が以下の四つに分類されている。
　①大舎：69.3％（建物の定員がおおむね20名以上）
　②中舎：12.2％（建物の定員がおおむね13名以上19名以下のもの）
　③小舎：13.3％（建物の定員がおおむね12名以下のもの）
　④その他：5.3％

　さらに衝撃的なことは，児童養護施設への入所者の62％が虐待された子ども，ということである。虐待を受けた子どもは，子どもとして養育されることは当然として，加えてこころのケアを必要としている。もっとも大切な肉親に虐待を受け，さらにその親と引き離される。子どもにはこれ以上の大きな衝撃はない。ところが，その子どもが移される次の住居は，集団的な秩序を特徴とする児童養護施設である。2006年現在で，施設数が55か所，入所定員が約3万4000人，入所者数が約3万人である。単純に計算しても，一施設あたり入所者が60人強となる。被虐待児には心身に障害のあることが多く，特別なケアも必要となる。だが，実際にはそれは収容施設そのもの，これが「児童福祉施設」の現況である。虐待を受けた子どもの養護とは何か，という問いを立てて考察しなければ，児童養護施設の実状は見えてこない。

　「児童」ではなく，「子ども」という概念が重要である。もう一つ重要な概念は「力」である。子どもは，人生80年時代の初期の四半世紀，力を育む揺籃期にあたる。力は一人ひとりが誕生する前から，つまり母の胎内での生

命のうちから，それぞれの身体に宿り，成長している。力は物ではない。力は生命に向かう運動である。だから生きる躍動感が一人ひとりから発現する。障害のある子，虐待を受けた子，それぞれの子どもが多様であり，それぞれの身体に，それぞれの力が宿る。

その力は見えない。身体の表現のなかに力が現われる。表現とは身振り，言葉，動きであり，そこに他者が必要である。その表現において，内なる可能性としての力が現われるのであり，表現する子どもは自己の力を，他者経由で自覚する。この時他者は自己を映す鏡である。子どもの力を認めるまなざし，その他者，家族あるいは家族的環境が必要である。

> 30年前に卒園した卒園生がやってきて，自分は「家族やわが家のイメージがまったくなく，結婚したが難しく長続きしなかった。このような二葉学園（＝グループホーム，引用者）に変わっていてびっくりした。うらやましい」[6]。

児童養護施設の卒園生の言葉が私の胸を打つ。認知症ケアの施設では「ユニットケア」が推奨され，グループホームがその理念を掲げている。小規模というだけでなく，人と人との社会関係のつくりかたにかかわる。

「子ども権利条約」の定めに沿えば，子どもの世話は家族によるか，里親もしくは養子縁組，「または必要な場合には子どもの養護（＝care）に適した施設」[7]，なのである。一人ひとりの子どもが力を蓄え，その力をわが物（＝appropriation）としうるには，家族，そして社会的な支援が必要である，と改めて思う。それは，同時に世話や養護を支えることでもある。ここで確認したのは，その「社会的なこと」の必要性に関してなのである。

2　医療・福祉支援の（財）ベーテル

「ベーテル（＝Bethel）」，ドイツでは障害のある人への社会的支援，その

包括的支援拠点として知られている。「ベーテル」とは，旧約聖書『創世記』にいう「神の家」である。事業主体は，プロテスタント系のディアコニーという福祉事業部であり，非営利法人の財団（＝Stiftung）である。そのほかに二つの財団があり，その統合体がボーデルシュヴィング財団ベーテルである。本部はビーレフェルト市にあり，そのほかの関連施設がドイツ国内の約150箇所に設置されている。その創始は，1865年に「癲癇患者のための援助」がキリスト教社会事業団で取り上げられ，市当局との協働においてかの市に設立された。その19世紀中葉から末にかけて，産業革命後の社会急変と貧困の時代を迎えた。この世紀の末には世界で初めの「社会保険制度」が創設される。その貧困と病に苦しむ時代の所産である。

　ベーテルの個性，あるいは凄さのなかで二つのことをここで紹介したい。その一つは，「施しよりも仕事」，という理念とその実践である。そのことは，ベーテルを訪問して改めて納得した。その一端は本章冒頭の引用文で示した。仕事の開拓はソーシャルワークの対象であるが，一人ひとりの障害のある人について2年をかけて仕事を開拓するという。その一人ひとりに相応しい仕事づくり，という援助の徹底に感動する。つまり，仕事に人を合わせるのではなく，人に仕事を合わせるのである。

　インタビューに応じてくれたのは，ソーシャルワーカーのヘルムート・バウエル氏である。彼は，「ベーテル」ですでに18年間勤務し，12年間は重度障害のある人，後の6年間は癲癇症の人を担当している。彼の仕事づくりとして挙げた，小児麻痺であり重度の障害のある青年の例を以下に掲げる。

　彼のコミュニケーション能力を高めるために，声を使って操作できるコンピュータソフトを開発した。最初は，「はい」「いいえ」「暑い」「寒い」などの八つの言語だけであったが，現在は8000以上の言語を使用できる。このパソコンを使って，彼は作業所の管理業務に就いている。バウエル氏は，すべての人間には特別の能力がある。その力を発見して，発揮すること，それが重要な課題だという。

　ベーテルの仕事の分野に関して，以下に資料を掲げよう（**表1-1**）。

表1-1 ベーテルでの仕事分野

ボーデンシュヴィンクシエン財団ベーテルでの仕事分野	計	オストヴェストファレン	ルール地区・ラインラント	北ドイツ	ベルリン・ブランデンブルク	ザフセン
施設・通所援助 地区別集計（2009年）						
1. 救急病院	1322	1037			285	
2. てんかん症	973	873			100	
3. 障害者援助	2439	1165	325		949	
4. 精神疾患	1686	884	150	216	436	
5. ホームレス援助	571	300	115	156		
6. 若者援助	578	396		161	21	
7. 高齢者援助	2426	732		1066	628	
8. 後天性障害のある人	135	66	69			
9. 作業・職業リハビリテーション	3340	2240	170	110	820	
10. 学校と研修所	6042	4276	45	968	753	
11. ホスピス活動	44	10	10		10	14
ベッドおよび定員	19556	11979	884	2677	4002	14
在宅援助（患者数）	2422					

（出所）（財）ベーテル「年報CJahresberucht 2009/2010」S.37。

　全ドイツでのベーテル利用者は約15万人，スタッフは約1万5千人，ビーレフェルト市だけで約8000人が働いている。ベーテルは公益的な非営利の組織であり，社会保障関係給付と寄付によって運営をしている。障害のある人が働くと，社会保障給付以外に報酬を得ることができる。

　もう一つの理念は，「心を一つにして実現しましょう（＝Gemeinschaft verwirklichen）」である。これは「差別」をなくす，ソーシャル・アクションである。

　このベーテル地区には，約4300人が居住しているが，その内の2200人が障害のある人という。治療のために病院の近い場所で，といっても入院期間は長くて，2週間程度という。支援機関や組織の充実してるこの地区に，障害のある人が多く住む。バウエル氏は私の質問をさえぎるように，当然であるという口調で，患者の住みなれた地区に帰す試みを始めている，という。

　さて，"Gemeinschaft verwirklichen"について二つの説明を得た。一つ

は,「一緒」であるための学びである。もう一つは「資格を持って援助」という意味である。順に考えてみよう。

　近視の人や遠視の人はメガネをかけている,それでも不思議はない。音を聞き取りにくい人は補聴器をかけている,それも珍しくない。バウエル氏は,障害の軽い人と重い人という考え方が,障害のない人とある人という表現よりも正しい,という。障害の種類や軽い,あるいは重いという,多様な違う人がいても人間としては同じ,それは慣れなのだ。挨拶をし,会話をすることができれば,「一緒」になれる。彼は分かりやすい実践例を示した。

　彼は「パブリック・ビュー（public view）」を開催した。2006年のサッカーワールドカップの時のことだ。市民に,「一緒に応援しよう」と呼びかけた。会場はベーテル内の「シュミーレ」という施設,つまり「ふれあいの場」である。180人はベーテルの関係者,それ以外の人は5名,これが最初である。そのうちに,ベーテル以外の人が段々と増え続けて,最終的には,なんと2000人の人が参加してくれた。「一緒に応援しました」。バウエル氏は顧みてこう言う。「少し見た目は違うけど,自分と根本的には違わない」とみんなが,お互いにそう感じた(11)。それは,わかるという意識ではなく,一体化なのである。

　もう一つの課題は「ソーシャルワーク」である。ソーシャルワークとは「何ですか」と私は答えようのない問いを発した。彼はほぼ瞬時に,「ソーシャルワークを必要としない環境づくり」と答えた。それでも分からない。ソーシャルワークは専門性を要するという。では,高い専門性とはどのような仕事なのか。彼の発言を箇条書きで記述しよう。

　①生活資金が必要であれば,その給付を得るために当事者を法制度につなぎます。
　②その現金給付については,社会サービスに使うものではあるが,その使用は当事者自身が決めるようにします。
　③それは,「プライバシー」の領域でもあります。居室は個室を原則にしています。それが,自分の力を伸ばす場であります。

④まず，当事者に「あなたはわたしが手伝うことをゆるしますか？」と聞きます。
⑤ついで，「どういう手伝いかたが大切ですか？」と聞きます。

　専門性の高いソーシャルワークにおいて，その基本は，私流にいえば，「他者が先」なのである。「他者への倫理」という行動・実践のなかで理解することなのである。

　専門的なソーシャルワークを実践する人は，日本では社会福祉士，ドイツでは，「ゾチアールアルバイト（＝Sozialarbeit）」と「ゾチアルペダゴーゲ（＝Sozialpädagoge）」，前者は貧困等の一般的な課題を，後者は青少年などの教育分野を担当してきたが，近年にいたって両者の区別は消えている。イギリスには資格認定ソーシャルワーカーがいる。ソーシャルワーカーについてはそれぞれの国ごとの違いはあるが，ソーシャルワークに関しては共通性は大きいと思われる。本書は，ソーシャルワークの実践について重要なことを学びつつ，さまざまなテーマで私見を記述している。その共通項は「社会的なこと」である。

　　ソーシャルワーク（＝social work）の現実的な目的は，人々をより強く，さらに有能に，もっとパワフルに，そして自立できるようにすることである。人々に希望を取り戻させることである。介入の意味するところの内容が，パワーを与え，苦難を取り除くことを目的としないならば，援助とはいえない。[12]

第2章　なぜ公共性なのか
——「公」と「私」——

　　　　ウチと言えば，囲いの中であり，屋根の下であり，国内であり，内裏であり，家庭である。ウチとは，また，他人に示さない内心を言い，ウチツヤツコ（内の奴）と言えば，今の「側近」にあたる。自分の妻をウチと言い，「七日のウチ」「二十（はたち）がウチ」といえば，以内，範囲内の意味である。このウチにおいて重要なことは，範囲を示す一線の手前に入る人間は，みな互いに親近親密な対し方をすること，そしてウチの中では個人の独立という意識は希薄であることである。[(1)]

　本章では，「公」と「私」との区別と関連を考察しながら，公共性とは何か，さらにその必要性について記述したい。その新たな公共性のあり方については，本書の根幹を成す考察であるが，その具体的な内容については最終の第8章で取り上げることにした。ここではとくに，「公」と「私」との区別が，さらに「公共性」の形成が社会福祉に深くかかわること，その点を中心に考察するものである。
　「孤立」という言葉は頻繁にメディアに登場している。孤立しているその人やその人にかかわる人，その環境のなかに「死」や「貧困」などの際立った課題が積み上げられているからである。「孤立」と「つなぐ」とは対照的な意味で使われることが多い。「つなぐ」という文字がどのような内容を意味するのか。私たちの共通認識を深めるためにも，日本の古い言葉の整理が必要と思われる。
　「つなぐ」と訓読みする漢字を順に考察しよう。たとえば，「絆」，きずな

と訓を打つことが多い。家族の「絆」はつなぎとめるの意である。「継」では，継承，つまり受け継ぐの意である。ついで，「繋」では，糸を付しつなぐ，つまり係留の意である。こうして「つなぐ」を挙げてみると，家族や後継者の「つなぐ」の用法には恵まれてはいても，横の方向への「つなぐ」の意が弱いことに気づかされる。

では，「むすぶ」あるいは「ゆう」という古い言葉がある。大野晋の解釈によれば，「むすぶ」は一つのものの両端を絡め合わせることであり，「ゆう」は「標ゆふ」の例にみられるように，野山での占有の標示，つまり立ち入り禁止のしるしをつけること，をいう。「ゆう」という言葉は，だから，「結納」に見られるように，「と（外）」，つまり他者へと横につながると同時に，こうしてつなぐ二人以外の他者には，寄ることを禁止し他者への閉ざす意味を有する。

「つなぐ」では横の関係が弱く，「ゆう」では排他性が伴う。横につながり，排他的でもないつながりかた，人間的な身体感覚での自然につなぐ，その人間の自然性に立ち返りたい。たとえば，子どもの遊びに「かごめかごめ」がある。子どもたちが両手を横に広げて手を「むすび」，ゆっくりと円を描きながら，目隠しして座っている子どもの周りを歌を歌いつつ動く。これは確かに横へ「つなぐ」行為である。日本では他に例を見ることは少ない。

1 「公的なこと」と「私的なこと」

さて，ポルトガル人宣教師ルイス・フロイスの著書に『ヨーロッパ文化と日本文化』があり，16世紀の文化比較が興味深い。その当時から400年以上が経過しているが，意外にも比較された日本文化の変化の小さいのに気づかされる。そのなかで，以下の観察は鋭い。

　　ヨーロッパでは人々は広場や街路で人と交わり，また休息する。日本人は［人と交わり，また休息するのは］（＝訳注）家の中だけで，街路は

第2章　なぜ公共性なのか　　13

いつも道を歩くだけである。(4)

「不幸」にして，道で他者に出会うとどうするのか。

　　われわれの間では立って話をする時はまっすぐに身を起して，脚を前後に置く。日本では，二人の時には，身分の低い方は両足を揃え，手を帯の所に組み合わせ，身体を前に屈め，相手の話に応じてヨーロッパの婦人のようにお辞儀をしなければならない。(5)

　前者では「公的空間」の不在が，後者では厳しい「上下関係」の規範が指摘されている。両者は無関係に思えない。むしろ深く関係しているように思える。その点は後に，中世都市における「兄弟盟約」に関連して考察することとして，「うち」と「そと」との対比の意味を取り上げてみよう。本章の巻頭に引用した大野晋の章句がそれである。
　本書の主題は「つなぐ」である。再び，大野晋の所見を頼りに，その課題に引き付けながら検討しよう。
　「そと」があり「うち」があれば，ヨーロッパ的な「公」と「私」の言語に移し変えられるのではないか。でも，そうはいかない。そこでその理由を尋ねねばならない。大野の説明を聞こう。

　　〈うち〉とは，——自分を中心にして自分の周囲に円周を描き，その円周から自分に近い区域をいう。その円周から自分に遠い所は〈と（＝外)〉である。(6)

　「うち」と「と」の間を区切るのは，区切りたい当人であり，その区切りは当然に主観的・恣意的である。「と」は「戸外であり，室外であり，外部の人である」。(7)
　「うち」と「と」の範囲は主観的区別であり，その間には上下関係が侵入

していた。「と」の人は卑しい、下品な性格である、というのである。「うち」から外へとつなぐには、この壁が邪魔をする。(8)

　「と」なる他者に対して、自己は、「わたくしは」という人称代名詞の主格を使いたい。

　だがこの対話の最初に「わたくしは」という主格が使えない。英語ではＩ（アイ）、ドイツ語ではIch（イッヒ）、一つの人称代名詞で足りる。日本語では、他者に体面し、対話という緊張の場面において、はなはだ面倒なのだ。つまり、ここで自己は、私、僕、小生、俺、拙者、自分は、など、上下関係への考慮でどれかを選ばねばならない。日本語の修得の過程において、常に上下関係を意識することが強いられているのである。こうした「主格」を探す戸惑いが他者への接近を抑制するように思える。

　「わたくし」は、「おほやけ」に対する、その対概念である。「おほやけ」は、「公」の漢字が充てられている。漢字から解読すると広場の意味が現われ、日本の現状から外れる。訓読みの「おほやけ」は、本来は、おほやけ（＝大宅）を指し、転じて朝廷を意味するようになる。だから、「おおやけびと」とは宮廷人である。つまり、現代的に言い換えれば、「おほやけ」とは中央官庁、あるいは政府を指すことになる。

　ということは日本では、ヨーロッパ的な「公」と「私」、あるいは「公的空間」を発見できない、ということだ。だからといって、それはヨーロッパと日本の文化の違いだ、と片付けるわけにいかない。それでは鎖国的思考のわなに取り込まれる。ヨーロッパにおいても、「公」と「私」は創りあげたものであり、その過程には長い歴史がある。

　1852年パリに、Ａ. ブーシコによって「ボン・マルシェ」という小さな小売店が開業した。これがデパートの始まりである。日本では呉服商がデパート化されるが、まず1904年（明治37年）の三越呉服店に始まり、大丸、高島屋、松阪屋と合い競って誕生する。なぜデパートなのか。実は、デパートは「公的なこと」の象徴なのである。

　「ボン・マルシェ」の特徴は、在来型小売商の変革なのである。買い物

意思がなくても立ち入れること，これは現在のデパートでの基本スタイルを思い起せれば了解できる。トイレの借用，待ち合わせ，あるいは地下での「試食」，という具合である。さらに変革は，多品種品揃えに定価販売の組み合わせである。この商法は当たった。世界中の大都市にデパートが進出する。その間に，大都市の人口の増加と工場での大量生産が進行していたのである。その大都市に見知らぬ人が集まってきた。お互いに接点を求めて，カフェやサロンなどにその場を求め，「読書する公衆」「討議する公衆」が登場する。

拡大する大都市のなかで，「自由」と「孤立」が同時に進行する。セネットは，18世紀半ばの「孤立」の特徴を3点あげる。要点をまとめると以下のようになる。①個人として都市の建造物とのかかわりが持てない。②マイカーでの走行は自由であるが，孤立である。③大衆社会の到来のなかで，個人の居場所が定まらない。その自己撞着を「私的なこと」と「公的なこと」とを区別すること，つまり，家族に関することを「private（プライヴェイト）」と，その外部の領域を「public（パブリック）」と命名した。

その延長に目を凝らすと見えてくるものがある。19世紀半ばから20世紀初頭におけるヨーロッパでの「社会的なこと」の席巻である。その嚆矢はドイツの「社会保険制度」の創設である。私的な生活世界を保護する公的「相互扶助」組織が，ドイツ帝国の成立に伴い，国民国家における「社会的なこと」に再編成される，その過程において「公的」と「私的」との対抗は，「社会的」と「私的」へと転換される。それは，国民国家内における近代国家と市民社会との対抗，という図式化の帰結である。相互扶助組織としての扶助金庫が，当時の「国家化」に抵抗しつつ，「社会的自治」を継承してきたことはその証左と言えるだろう。

でも，「一人ひとり」の観念，つまり人格としての個々人と，「公的なこと」との関係がまだ見えてこない。「一人ひとり」という自己認識は，生活世界における人間の生きる過程における，公的な世界との補完的な関係から成立してきた。だから，「公的」と「私的」との関連をヨーロッパの歩みのなかで検証しようとするのである。

2 「一人ひとり」と公的なこと

　19世紀のこうした社会運動は無からの創造ではない。近代ヨーロッパはアルプス以北の中世都市の精神を継承しつつ，その連続性において建設されている。二度にわたる世界大戦の廃墟のなかから，中世的都市の再建を推進してきたことに，その中世都市への憧憬を見出しうるのである。本節で改めて，相互扶助の原基たる特有の組織を採り上げよう。

　「都市」とは何か。つまり，「都市」をどのように定義するのか。実は，この問いに答えることなしに，「一人ひとり」に関する思考は進まないのである。都市は人の集まりである。でも，農村とは違う。人口5万人以上は「市」，その未満は町，あるいは村である。私たちはこの定義に親しんでいる。都市を人の集住の規模，その累積としての人口という基準で区切るのである。それは違う，というのがドイツの社会学者マックス・ヴェーバーの定義である。それによれば，中世の都市において，「市民は，少なくとも都市が新しく創建される場合には，個々人として市民団に入ったのである。彼は，個々人として市民宣誓（Bürgereid）を行った。」その「宣誓」が「兄弟盟約（Verbrüderungsverträge）」であり，その「兄弟」になることによって，彼は「従来とは質的に別のものに＜なる＞ということ」なのであった。つまり，「ジッペや部族ではなくて，都市という地域団体に個々に所属しているということが，彼に対して，市民としての人格上の法的地位を保障したのである。」

　要点を再確認しよう。都市とは，「一人ひとり」の市民，と言ってもそれは家父ではあるが，その個々人の連合である。と同時に，彼は一市民としての法的な権利が保障されたのであり，彼の出自の共同体への帰属は無意味になった。

　ここで，「一人ひとり」という概念が，都市形成の過程において形成されたが，その過程が消費ではなく生産，つまり都市の形成への「参加」におい

て実現したことである。参加とは，英語では「take-part」，ドイツ語では「teil-mehmen」，二つの含意はいずれも「全体の部分を受け持つ」である。対照的に，日本語では出来合いのものに「加わる」の意味が強い。加えて，ヴェーバーが中世都市を「生産都市」，古典・古代の都市を「消費都市」として定義したことも申し添えておこう。

「一人ひとり」が兄弟（＝市民）としてお互いに承認形成される過程が，都市の形成過程であった。そこまでは辿れた。だが，「一人ひとり」と「公的なこと」との関係は定かではない。都市の市民は「一人ひとり」の権利を手に入れたが，その代償は人間的生活の「不安」である。ハンブルク市は中世のハンザ都市同盟の，商工業の中心として栄えたが，その一角に「寡婦の家」が遺されている。都市が栄えていたとしても，世帯主が疾病で倒れるとたちまちにその家族は生活に窮する。

都市は商工業者中心の組織である。つまり，都市の市場に依存しつつ生計を営むことを基本としている。その都市のなかに，商業・手業者の経済的な独占的組合が結成されていた。商業者の「ギルド」と手工業者の「ツンフト」がそれである。その都市に「相互扶助」が形成される。その原理は，「汝が我になすごとく，我も汝にする」，というものである。その参加者は扶助金庫という「利害」においてつながる。ここで注目したいのは，この扶助金庫が具体的には「ツンフト金庫」として設立されたことである。市民が，お互いに支え合える組織として設立したのである。この市民は家族があればその代表，単身であれば当事者が参加する。「互いに」という点に力点がある。つまり，助ける人と助けられる人が，常に固定されていないこと，それがこの「扶助」の意味である。と同時に，任意加入の組織として，自主的に選ばれた長を中心に運営されたのである。いずれもが，個々人の自主的な参加を特徴とするが，とくに兄弟団は，19世紀末での社会保険制度の創設を促すものとしての相互扶助，その原基としての文化的な意義がある。[13]

市場での取引を基盤とした生活であればあるほど，仕事上の「リスク」は高まる。その対策としては，損害補償中心の民間保険の活用がある。市場と

いう経済的なことのなかでは，経済的な損出は補償されても，疾病や生活上の事故の保障はない。教会を軸とした教区単位での救済や援助は中世期を通じて継続されていた。また，旅人や身寄りのない人への援助活動も，"hospital"での医療・宿泊支援を中心に展開されていた。それは「慈善（＝charity）」の実践であったが，その重大欠陥は，「恵まれた人」と「恵まれない人」との上下関係の形成・継続である。その「施し」を排しつつ，"charity"が本来有してきた「愛」を継承しつつ制度化する，その課題が「公的なこと」さらに「社会的（＝social）なこと」の実現である。

3　市場経済と「非営利的なこと」

　日本の現実にもどろう。ヨーロッパの都市史で確認できたことは，「公」と「私」とは対立的，と同時に補完的な関係にあること，したがって「私」の世界だけでは議論できないことである。
　まず，一つのデータを読むことから始めたい。2008年に厚生労働省の国立社会保障・人口問題研究所は2035年時点での人口構成に関する推定値を公表した。とくに注目されるのは，全国の市区町村別の人口構成の変化にかかわる推定値である。それによれば，2035年には全国の半数の自治体において4人に1人が75歳以上だという。また，6割の自治体では2割の人口減少が予測されている。全国平均での人口の将来推計はまさに他人ごとのようで，どこか遠い世界を思わせるが，自治体の人口構造の変化を推定すれば少しは身近な課題になる。
　人は齢を重ね，老いを迎える。老いは身体的な状況だけでなく精神的・心理的な要因にも作用されて，その時期は一様ではない。それでも75歳を超えると病や転倒などの事故によって医療機関に入院することが危惧される。医療機関での治療を受け，退院，そして在宅での生活に復帰と，図式化されている。この疾病と入院を避けることができれば，そして自宅で死を迎えることができれば，稀なケースではあるが満足度は大きくなる。急性期の治療

から在宅復帰までの過程において，今日ではさまざまな困難事例が待ち受けている。

① 退院後に身体での障害が残る。在宅での畳の上での寝たきり状況が，床ずれを生み廃用症候群をもたらす。こうした在宅生活での福祉用具の適切な活用や住環境の整備が不十分なために，病院に戻ることになる。しかも，重度の症状を抱えて二度と自宅に帰れそうにない状態においてである。

② 急性期から慢性期に至って，退院を迫られ，といって介護が必要なために介護者なき自宅に戻れずに，介護福祉施設と病院の間を転々としつつ，病院での死を迎える場合である。ベッドでの生活の必要な高齢者は，ベッドを探し続けなければならない。ところが，社会保障費の抑制による介護福祉施設の不足がもたらす，いわゆる「ベッド難民」と呼ばれているケースが増加している。

③ 90日を越えて入院生活を続けると病院への診療報酬が低下する。長期入院を抑制するために設けられた制度であるが，自宅に戻れない高齢者は介護福祉施設に移らねばならない。しかし，特別養護老人ホーム（特養）は介護付きで自己負担が少なくてすむものの，全国で約38万2000人（2009年1月現在）の入所待機者がいる[14]。そこで，慢性期の患者に対応できる介護療養型医療施設（老人病院）が準備されている。ここには，医療保険対応の医療型と介護保険対応型の介護型がある。ところが2005年の医療制度改革によって，医療型は25万床から15万床へ，介護型13万床は2011年度末で廃止と決定された。医療型は医療関係者の反対で2008年に24万までに緩和された。その修正は政策的反省というよりも政治的圧力のゆえである。

④ リハビリ機能を備えた介護老人保健施設（老健）は最長で半年の入所期間であり，長期間での，また心身状況の重度化には対応できない。在宅に戻すための機能は有効に働かず，在宅よりも認知症などの疾患のために病院に逆戻りするケースが多い。

⑤「民間施設」と呼ばれている私企業の入所施設がある。有料老人ホームと高齢者専用賃貸住宅（高専貸など）である。前者は介護サービスが売り物であるが，自己負担のコストがかなり高い。後者は月額10～20万円の負担で有料老人ホームより割安ながら，食事・介護サービスの提供を特徴にする。だが，有料老人ホームも高齢者用賃貸住宅のいずれにも共通の欠陥は，市場経済での営利への衝動を抑制する仕組みを持たないことである。消費生活センターへの相談や苦情が増加を続けているが，消費者保護が無策のためである。

　これらのシナリオは，メディアのなかでしばしば，だれを告発するでもなく，常に問題として発信され続けている。いつまでこの「告発」は続けられるのであろうか。そう言えば，子どもたちが空き缶拾いに駆り出され，限りなく続く空き缶のポイ捨てのなかで，いつまでこの「空き缶拾い」ゲームを演出することに似ている。廃棄物政策の無策が原因であるのに，いつまでも子どもたちの「美談」でメディアの役割は終止し，肝腎の廃棄物の政策は進行しない。

　要は，この現実にどう切り込むかである。ここでも私は，「公」と「私」の区別を軸に考察する。医療サービスと患者（＝利用者），前者が「公的」サービスの担い手，後者は生活者たる自然人である。前者は市場を基盤とする「利潤追求」の都合があり，後者は加齢に伴い身体に疾病を抱える「自然」の都合がある。この二つの対立的な「都合」をどうして調和できるのだろうか。私はできないと思うのだが，「できる」と信ずる力が働くと，「90日」を基準に退院という行動に向かわせるのである。それは保険財政の「都合」であり，目標とすべき基準は数値である。ここには双方の「都合」はどうだってよいのである。数値目標による双方への行動規制が何をもたらしてきたか。上述の「医療・介護難民」ではなかったか？　医療・介護などの「公的サービス」とサービス利用者としての個々人，その代弁としてのNGO/NPOなどの活動，お互いの「都合」をぶつけつつ討議する場，それが新たな「公共空間」であり，本書で言う「公共性」である。

4 「営利」と「非営利」

　そこで，私が「公共性」と呼ぶ，その公共空間の性格について，とくに「非営利」組織の重要性に関係つけながら記述したい。

　1998年に「特定非営利活動促進法」，いわゆる「NPO法」が施行された。わが国においては市場経済と営利組織重視の政策を進められてきただけに，非営利組織の活動を評価する法の制定は，社会形成での新たな地平を拓くものとして，改めて検討に値することである。非営利組織としてのNPOなどは，公的な活動の主役を期待されているのであり，私的な利潤を追求する企業とは明確な一線が引かれるべきである。

　「NPO法」には，その対象とされる事業分野が示されている。たとえば，自然環境保全，まちづくり，障害のある子どもの支援，そして社会福祉の分野などである。この分野は基本的に営利に馴染まないからである。ヨーロッパにおいては，民間の中に，営利と非営利があり，行政経営からの「民営化」の行く先が営利ではなく，非営利であることも多い。ちなみに病院経営のほとんどが自治体などの公的か，あるいは教会系の非営利の組織である。

　「NPO法」の役割に戻そう。その法のもっとも重要な課題は，非営利組織の「法人化」を容易にすることである。非営利活動の実践においては，「法人格」を取得することが事業の成否を左右する重要事である。そこで，「法人格」について少し説明を要する。人はすべて生まれながらに，人格を有する。だから，法的な権利と義務を合わせ持ち契約を締結できる。団体や組織体は法人格を取得すれば，人間と同じように，認証を得た団体名称で契約書にサインすることができる。

　法人格を取得した非営利団体は，NPO法人であるがその特徴は次の諸点に表現される（**図2-1** 参照）。
- ・継続性：法人格の取得によって財政状況の公表が義務づけられ，収入と経費との長期的財政計画が必要となる。

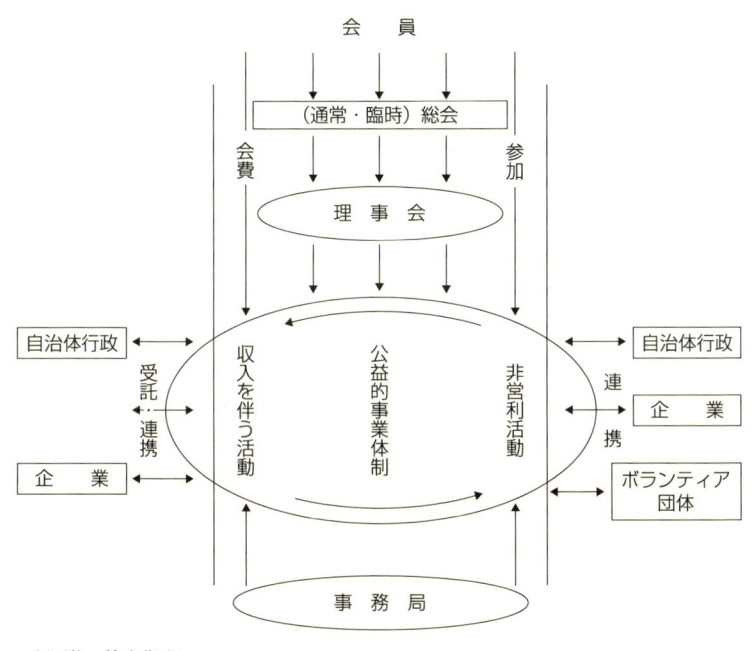

図 2-1　NPO（民間非営利組織）のしくみ

```
                        会　員
                    ↓  ↓  ↓  ↓
                ┌─────────────┐
                │（通常・臨時）総会│
   会              └─────────────┘              参
   費                ↓  ↓  ↓  ↓                加
                   ┌───────┐
                   │ 理事会 │
                   └───────┘
                    ↓  ↓  ↓  ↓
 ┌────────┐      ╱─────────────╲      ┌────────┐
 │自治体行政│←→  │収  公     非 │  ←→  │自治体行政│
 └────────┘ 受託 │入  益     営 │  連携 └────────┘
            連携 │を  的     利 │       ┌────────┐
                │伴  事     活 │  ←→   │ 企　業 │
 ┌────────┐    │う  業     動 │       └────────┘
 │ 企　業 │←→  │活  体         │      ┌────────┐
 └────────┘    │動  制         │  ←→  │ボランティア│
                ╲─────────────╱       │  団体   │
                    ↑  ↑  ↑  ↑       └────────┘
                   ╱─────────╲
                  │  事 務 局  │
                   ╲─────────╱
```

（出所）　筆者作成。

- 専門性：専門的な能力を有する多彩な人の参加によって，専門性の高い事業の受託とともに公共的論争に耐えうる。
- 有償性：報酬を伴う事務局の配置とともに，事業推進スタッフへの報酬が可能である。

　NPO法人とボランティア団体との相違は明瞭であるのだが，誤解されやすい。前者の事業は収入あるいは報酬を伴う。それに対して後者の活動については無償である。「有償ボランティア」という表現が混乱の原因である。その点に関しては，ドイツ語が興味深い。ボランティアを"ehrenamtlich"というが，原意は「名誉職」。つまり，生活に余裕のある人が報酬なしで活動することを指す。ドイツの大学の掲示板で見かける案内。「授業のお手伝いをお願い，ehrenamtlich（＝報酬なし）」。

第2章　なぜ公共性なのか　　23

さて，本題に戻らねばならない。新たな公共性の特徴とは何か？「新たな」とは現在形成されていない，と思うのでこう表現している。以下に，特徴点を三つ示してその輪郭を伝えたい。

①透明性のある公共的論議

　生活世界の身近なところに住民の決定権を置くこと，これが実に重大である。と同時に，地方への権限の移管が不可欠である。それは当事者の要求や必要性を実現できる，もっとも有効な方法である。生活環境・社会環境そして自然環境は当事者を取り巻く環境の輪であり，積み上げられる層でもある。公共性は当事者を取り巻く，上記の三つの環境の輪で構成される。当事者支援は身近な人や地域での住民ネットワークが担い，さらにNPO法人などの非営利組織あるいは営利組織，さらに政策や制度に沿う行政サービスが支える。

　この公共性概念は，古典的には，ドイツの著名な社会学者J.ハーバーマスの『公共性の構造転換』によって提起され，世界的な規模での議論を巻き起こしたものである。彼によれば，公共性とは「公衆として集合した私人たちの生活圏」(16)である。私人は小家族の親密な生活圏の基盤のもとで，社会的再生産の生活への参加を通じて公衆として交渉しあうのであり，その端緒が文芸的公共性であった。時間軸では17世紀の文芸的公共性から，政治的公共性，そして市民的公共性へと引き継がれる。構造的には，公権力の領域に対抗しながら市民的公共性が形成され，その公共性は私的親密圏，つまり商品交易と社会的労働圏とは区別される。近代における，国家と広義の市民社会，その市民社会をさらに二層において，つまり公共圏と市場経済として構想されたのである。

　J.ハーバーマスの構想では，公共性における活動の推進者は知性的リーダーを想定しているが，今日ではその定義にこだわる必要性はない。むしろ，認知症のある人，精神障害のある人，あるいは失業の若年者であっていいのである。さまざまな市民的参加による公共性が保障されることなのである。

表 2-1　三つのセクターの類型的比較

組織形態	目的	特徴	運営
民間営利組織	利潤の追求	利益の配当・分配・蓄積	個々の企業の定款
行政組織	公共サービス	議会による予算・決算	議会の承認・規則
民間非営利組織	公益的活動	収入は運営費・活動費，分配なし	総会の承認・定款

（出所）　筆者作成。

　過半数の賛成での多数決民主主義は少数者の排除のもとで進行してきた。現在問われているのは，民主主義の民主化である。具体的には，少数者の意見や提案が公共性の空間において提起され，討議されることである。その透明性の論議が重要である。

　公共性は当事者支援に向けた，当事者の参加する会議や討議を重要な要件とする。そのコミュニケーションは公開性を特徴として，地方自治体の政策形成においては，企画・実行・監査のそれぞれの段階において行政とNGO/NPOなどによる協働を特徴としている。公共性では当事者にかかわる環境のすべてが含まれるが，それらの河川や森林などの自然，音楽や絵画などの芸術・文化，医療や介護・教育などの法制度，公園や交通，街並みなどの生活・産業基盤を「公共財」と呼び，グローバルな視点では「地球公共財（＝global public goods）」とも呼ばれている。

②公共的空間での中心はNGO/NPO法人

　ここで取り上げられているのは，企業のような民間営利組織ではなく，たとえばドイツでは［Eingetragener　Verein (e.V.：登録社団)，英語圏で「NPO: non-profit-organization」として，あるいは「NGO: non-governmental-organization」として理解されている組織形態を指している。具体的な組織や活動の特性などについては後に詳述するが，ここで指摘したいのは，表 2-1 に示されているように，公益目的において行政と民間非営利は協働が可能である。また，民間非営利は職員は有償であるが，利潤の蓄積や分配は定款で禁じている。株式会社のような営利企業や自治体などの行政

とともに，生活の質の確保のためには公益的な事業を目的とする民間非営利組織が重要であり，その活動の領域の特徴が公共性（＝公共的空間）にある，という点に注目したい。

　J．ハーバーマスはこうした非営利組織を位置づけて次のように言う。それは人権・平等・自由を拡大しつつ民主主義の民主化を推進し，「公共的コミュニケーションに直接参加」したりしながら，「公共的討論に寄与」する。[19] それはまた，第二次世界大戦後まで自治体行政を補完してきた既存の組織とは，組織の編成形態を異にしているのである。つまり，既存組織が血縁や地縁をもとに小家族単位で構成されるのに対して，NGO/NPO法人は個々人の任意な加入を特徴として，ボランティア精神を組み込んだ活動や事業目的での組織化を特徴としている。

　③他者および未来への責任
　とくにヨーロッパにおいては，非営利のNGO/NPO法人は80年代以降での環境問題をめぐる社会運動を推進し，政治運動の主導性を確保する緑の党の結党とその躍進に極めて大きな貢献を果たしているのである。[20]

　公共性は今日の生活に「質」の向上にとって不可欠である，という点をさまざまな角度から述べたつもりであるが，それはわが国の戦後の経済成長優先の社会形成への反省のなかに求められるべきなのである。「55年体制」と呼ばれた高度経済成長期は保守政党と生産性を基調とする財界との連結，そして中央官僚との「政管癒着」，それに対する労働組合と野党政党による賃金闘争を通じたパイの分配をめぐる紛争，それが表向きにどんなに激しく見えても，余剰の争奪戦であった。

　したがって，政党・財界・官僚・労組の一体となった経済成長推進の軌道の上を走ってきたのである。だから，経済成長の周りをぐるぐるまわるだけのことである。個々の生活は日常の世界にあり，日常生活のなかで変革がなければ，非日常的な劇場的な選挙行動だけでは社会転換は実現しない。今日必要な社会プログラムは構造転換である。戦後不十分とはいえ，制度として

は欧米諸国に比肩しうる社会保障制度を構築し，60年代の高賃金・高生産性・高消費は高度経済成長の過程で実現してきた。その過程で一貫して労働者が要求してきたのは，高利潤達成の貢献度としての分け前の報酬である。経済成長重視は労働側と使用者側双方の利害が一致してきた。その経済成長の基本に市場経済への依存がある。雇用開発，つまり雇用機会の創出も株式会社依存である。雇用ねらいの経済政策が，企業の内部留保や海外投資に振り向けられれば，国内雇用の拡大は実現しない。

　市民セクターとしての第三の就業部門への支援を強化すべきである。市場依存だけの政策からの転換が必要になっているのである。転換とは分配の分け前を主張することから，生産・仕事への参加や協働への仕組みづくりの構築である。

　ヨーロッパ諸国では，フランスやイタリアなどでの社会的企業，あるいは社会協同組合などの起業が知られているが，ここでは法人格を有する非営利団体について，とくにイギリスとドイツの事例について概要のみを紹介し，検討の資としたい。[21]

　イギリスでの公益的事業を担う非営利的活動は，1601年以来の「チャリティ法」に定められている。チャリティ委員会で認可された非営利団体が「登録チャリティ」と呼ばれる。1998年現在で，約18万8千の団体が活動し，その公益的性の範囲は以下の4項目である。

・貧困の解消（救済）
・教育の振興
・宗教の振興
・その他の公益活動

ドイツでは，「財団（＝Stiftung）」が約8000団体，「登録社団（＝e. V.）」と呼ばれる団体が約100万ある。これらが自然環境や社会福祉などの公益的事業の基幹を支えている。とくに，医療・保健・福祉分野では，社会扶助（日本での生活保護）においても公益の六福祉団体が事実上の運営を担う。登録要件はドイツ民法により，非営利性が基本要件である。

イギリスおよびドイツのこうした民間非営利団体は，約100万人以上の就業者を抱えている。言うまでもなく，その就業者は有給である。そのなかには，幼稚園，老人ホーム，介護サービス事業所，教育・研修所，あるいは病院がある。ドイツの病院でも医療保険の財政赤字は重大な課題であるが，「医療の質と経済性」というテーマにおいて，メディアなどで公共的に論議が繰り返されている。医療問題は保険財政という数値だけの問題ではないからである。その点に関しては，日本の病院のほとんどが医療法人であるが，この法人は「普通法人」であり営利的団体である。ヨーロッパ諸国でのほとんどの病院は非営利の公的な経営体であること，医療の根幹に関わる病院の形態におけるこの日欧の差異，それは医療政策において極めて大きな意味を持つのである。
　一人ひとりへの公的，あるいは社会的支援を強化し，生活の質を向上させようとすれば，企業の依存する市場や法制度に立脚する行政だけでなく，個々人の任意的な言論と活動を基盤とする非営利法人の活動に大きな関心を払うべきである。と同時に，その市民セクターの就業力強化に向けた活動や政策化が求められている。その活動のパースペクティブは倫理に基づくのであり，他者への責任および未来への責任としての，希望の途を拓くことである。

第3章　エコロジカルな循環と生活環境

　　　　　　わたしたちと　ともだちになってください。ことばのないひ
　　　　　　と，しゃべることのできないひとをむししたりさべつしない
　　　　　　でほしい。たくさんのひとたちに　かんがえてほしい。みな
　　　　　　またびょうのこと，からだのじょうぶでないひとのこと，じ
　　　　　　ょうぶではないけど　みんなとおなじにんげんだ　というこ
　　　　　　とを。　　　　　　　　　　　　　　　さかもとしのぶ(1)

　この手紙は，坂本しのぶが30歳の時，小学校の交流学習に差し出したものである。交流学習が開かれたのは，体の不自由なしのぶの歩く姿を見て，小学生がその姿を真似て笑ったことにある。しのぶは思った。笑った子どもをしかっても見えないところで笑う。親も友だちもしのぶを見て笑わない。こうして，しのぶは交流学習を続けた。友だちになれば偏見は消える。私もそう思う。偏見はそれぞれの人の身体感覚から生まれる知のありかたである。しのぶは偏見の知，そのまったただなかに自分の身体を運び，くじけずに交流学習を続けた。
　2009年現在，坂本しのぶは53歳，母フジエは84歳，しのぶの弟は47歳，姉真由美は水俣病を発症して4歳と5か月で亡くなっている。母フジエと弟には水俣病は認定されていない。しのぶは水俣病の認定患者である。以下の発言は母フジエの言葉である。

　　この子は私のお腹の中に入っていました。いま，私にほとんど水銀の症
　　状がないのは，お腹のなかでこの子が私の食べた水銀を吸い取ってしま

ったからだと思います。⁽²⁾

　しのぶは,「胎児性水俣病」と認定された。この病名は深刻な課題を孕んでいる。「深刻さ」とは水俣病の原因にかかわることであり,時計の針を少し前に戻すことにしよう。
　「水俣病」としての公害病の認定は1968年（昭和43年）であったが,その年は水俣病の公式確認からすでに12年が,厚生行政の不作為のために過ぎ去っていた。この沿岸地区の人たちは,魚を毎日食べて生活し,魚を生活の糧として商いを続けていた。それがこの地区での伝統的な食生活であった。水俣病は魚を食べた人が発病した。ところが,水俣病の多発地区に「脳性小児麻痺」の子どもが多く生活している,との情報を当時熊本大学に勤務していた医師,原田正純は得た。1961年（昭和36年）,原田は診察のために現地に入った。彼は,二人の子ども,しのぶと弟の二人を水俣病と疑ったのだが,上記の母親の言葉は原田の問いへの回答であった。

1　宝子に学ぶ水俣病

　不知火の海はどこまでも透明で美しい。穏やかな小波,遊ぶ水鳥の群れ,美味い多彩な雑魚,この海のなかで一体何が起きたのか。異変は動物たちの異常な行動から始まった。
　1956年5月1日に,チッソ付属病院から水俣保健所に「原因不明の中枢神経疾患が多発」,という届けがあった。この日が水俣病公式発見の日だという。それに先立ち53年には,「猫踊り病」と言われた,猫の異常行動が目撃されていた。よだれをたらし,ふらふらさまよい,しまいには,水が嫌いなはずなのに,海にダイビングする猫が現われた。猫は魚だけを好物として食したからであった。「猫てんかんで全滅」の見出しで,当時の新聞に報道された。⁽³⁾
　59年には,チッソ水俣工場の排水を混ぜた餌が与えられた猫に,水俣病

の症状が表われていた。いわゆる、極秘に行なわれた「猫400号」の附属病院での実験の結果であった。水俣病の原因は紛れもなく水俣工場の排水にあったが、通産省は厚生省の意見を抑えて排水のたれ流しを黙認し、漁獲禁止措置も採らなかった。その理由は経済成長優先であった。科学技術の振興を基にした成長への信仰である。それは「科学の知」に胚胎している直線的な思考を思い起こさせる。同じ大戦敗戦国のドイツが、日本と同じように「奇跡の経済復興」の後、80年代に環境政策優先へと舵をきるが、日本は依然として経済成長を追い求め続けていた。

　水俣病の原因は、工場の廃液に含まれていた有機水銀が魚に入り、人に食されたからである。一度魚の体内に入った有機水銀は排出されることなく濃縮され、この濃縮が小さい魚から大きな魚へと順に送り続けられ、ついには食物連鎖の頂点にある人を襲う、これが美しく無限な海水のなかで、静かに着実に繰り広げられた「食物連鎖」の恐ろしさである。

　でも胎児は魚を食してはいない。その胎児は「水俣病」の原因を有していないではないか。だから、胎児性水俣病は胎盤を経由して起こった中毒事件だ。母親の胎盤が一人ひとりの胎児を保護する機能こそは、数十万年の人類史のなかをつなぐ生命の鎹(かすがい)である。その保護機能をだれもが信じていた。だが、有機水銀はその胎盤をすり抜け、胎児を襲い、水俣病を発症させた。もう一人、1956年生まれの上村智子は胎児性水俣病で、ひとことも話すことができないままに、21歳で亡くなる。智子の母親、良子の言葉が身に沁みる。

　　智子は「宝子」です。この子が私の胎内で水銀を全部吸い取ってくれたから、残りの六人の子供がみんな元気にすくすく育っているのです。
　　――自分たちが一番望んでいることは、いい薬が出来て元の体にピシャリともどしてくれることで、それなら補償なんていらんとじゃもん。それができんから補償を要求しているのです。(4)

胎児性水俣病の子どもを「水俣病」と診断するには証拠が必要であった。出産時にへその緒を保存しておく習慣がヒントになった，と原田は述懐する。まもなく，へその緒から検出した有機水銀値を分析するのに成功した。「脳性小児麻痺」の診断を覆して，「胎児性水俣病」として認定されたのは，62年11月であった。原田によれば，胎盤経由の中毒が確認されたのは世界で初めてのこと，という。(5)

　子宮は子どもにとっての最初の環境である。(6)その子宮を汚すということは環境を汚すこと，そして他ならぬ未来の命を汚すことになる。被害の拡大を止める予防の機会があったものの，国は経済成長の富を優先し，人の生命を軽んじた。しかも，認定申請者や訴訟を起こした人の数はつかめても，被害者の実数は，実態調査が実施されていないためにつかめていない。1973年（昭和48年）に熊本地裁での一次訴訟判決で原告勝訴，初めての司法判断であったが，その後2004年に，関西訴訟に対する最高裁判決が国の認定基準を退け，被害者救済の新しい道を示したものの，その後も認定作業は滞っている。国の実態調査が実施されていないために，未発見の被害者がいる可能性があり，さらに未認定患者の救済も残る。

　厚生行政の不作為もあって，この種の被害者救済が滞っている。たとえば，「原爆症認定基準」，ダイオキシン類PCDFを主因とする「カネミ油症新認定」，また薬害C型感染者も訴訟を起こしているが，200万人とも言われる感染者の救済の目処が立たない。被害者への補償とともに，医療・生活等の支援や援助がきわめて重要な課題である。地域における行政責任による相談・支援そして援助機構の整備とともに，一人ひとりへの支援活動のための専門職の配置が欠かせない。なぜなら，人間生活には金銭給付とともに，憩いの住居，出かける場，そして他者との社会関係づくりが不可欠であり，当事者に添う相談・活動にソーシャル・ワークの専門性が生きるからである。法制度の隙間やその適用から外され，認定されないとしても，人間の生活には中断や休止はないのであり，継続した包括的な支援体制が必要なのである。

2 化学物質と予防の原則

　水俣病事件では,「予防の原則(＝precautionary approach)」が採られなかった。1957年の食品衛生法上の捕獲・販売禁止の措置,1958年の排水路の変更の中止や排水規制,1959年に「水質二法」の適用が採られるべきであった[7]。さらに,工場の操業禁止などの措置を見送ったことが被害の拡大を招いた。水俣病事件における重大な反省の一つとしての「予防の原則」には社会的合意が必要であるということも分かってきた。また有害化学物質の防止をめぐる国際的社会運動,そこでも予防の原則が提案されている。予防とは,将来生じるであろうことを予め防ぐこと,といっていい。だがこれでは「予防の原則」にならない。つまり,起こる事態と人間を害するその影響,その間に因果関係を立証できない場合においても,予めの策を講じることである。科学的な立証がなくても対策を実施すること,ここに大きな意義がある。

　水俣病事件は「公害」の範疇に組み入れられ,原因企業が特定されている。有害化学物質では環境汚染の加害者を特定できないので,「環境」問題の枠組みのなかで議論される。この「環境問題」あるいは「環境政策」は,1980年代以降における世界的な課題として取り組まれているものである。とくに,自然保護,酸性雨,地球温暖化,オゾン層,遺伝子組み換え,そして有害化学物質などに対する,欧米での環境NGO/NPO社会運動や緑の党の政治活動が顕著であり,その影響力は強力である。

　さて,「予防」とは,何かに対する防御である。とすれば,その何かを知ることが防御の前提であろう。人類の未来にとってきわめて危険な「何か」,その侵入者を暴き,予防を警告した書,それは1996年出版の『奪われし未来』である[8]。それは,有害化学物質が食物連鎖のなかで体内に取り込まれると,生殖系を暴露し,また発がん性を有する,と警告した。この書の出版をコーディネートしたのは女性化学者,S.コルボーンである。彼女の功績

は「外因性内分泌撹乱化学物質」の発見とその主たる毒性が「生殖系」にかかわる，と提唱したことにある。

この書は，また国際レベルでの環境・化学物質政策を大きく転回させた。その「外因性内分泌撹乱化学物質」は，わが国では「環境ホルモン」と呼ばれているが，その規制はNPOなどの社会運動の貢献によって「ダイオキシン特別措置法」(9)として結実した。環境ホルモンとしては以下の三つの物質が基本とされる。①ダイオキシン類，②農薬類，③塩化ビニール製品，それらの特徴は，いずれも戦後期に開発された化学工業製品である。しかもそれらは今日の先進工業国の工業生産における主たるリーディング製品である。その物質そのものが「ホルモン作用撹乱物質」として警告されたのである。

私たちが日常的に使う利便性の大きな化学製品が，いまや私たちの身体と生活を破壊しようとしている。環境ホルモンはニセホルモンであるが，どのように問題なのか。身体のなかのホルモンは成長ホルモンであり，たとえば女性ホルモンであり，内分泌腺から血液中に送りこまれる身体機能促進要因である。ニセホルモンはこの正常なホルモンの機能を妨害する。『奪われし未来』は，その強力な毒性を発ガン性だけにこだわるな，生殖系など子どもの発育に警戒せよ，と訴える。「未来」への恐るべき残酷さ，だがそれだけに，人間への影響を実証することは至難である。(10)

貝のメス化であったり，ワニのペニスの未発達など生物の事例が紹介されているが，学習障害など脳の発達を妨害する事例も紹介されている。その環境ホルモンが，体内摂取においては，食物から侵入する確率が高く，また日本では魚介類からの摂取に関心が集中されるべきである。(11)

私たちには，この恐ろしい化学物質の形状やその動きが見えるわけではない。水俣病事件に際して猫が警告したように，魚介類などの生物の異常さに注目することや土壌，地下水・上水道などについての検査などの徹底と検査結果の公表が不可欠であろう。「環境ホルモン」は私たちの環境そのもの，自然・生活・社会環境のそれぞれの分野を検証することを迫っている。つまり，

図 3-1　男児の出生率の変化
（Davis ら，1998の論文より）

図 3-2　合成有機化合物の年間生産量推移
（「地球サミット」のための国連事務局報告などによる）

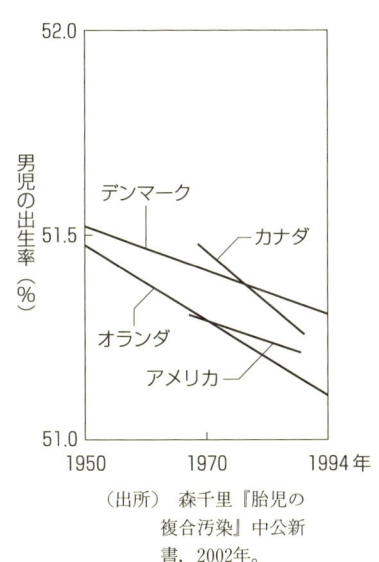

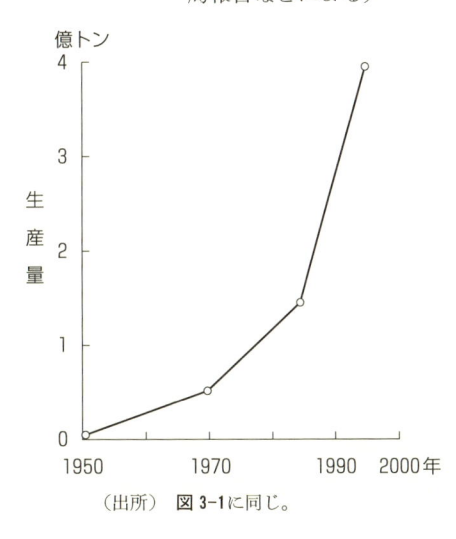

（出所）　森千里『胎児の複合汚染』中公新書，2002年。

（出所）　図 3-1に同じ。

環境をつくりながら生活を営む，その生活のありかたを問うているのである。

　工業化と子どもの世界との関連は非常に重要であるが，直接に関係づける資料に乏しい。図 3-1，3-2 は傾向的な特徴を示す貴重な示唆である。

　環境ホルモンは食から摂取される。それは，水俣病事件が私たちに教えていることでもある。「食物連鎖」，この食をめぐる問題が化学物質にかかわる最重要な課題である。

　下記の引用は『われらをめぐる海』の一節であるが，その書は詩情豊かな，それでいてエコロジカルな循環に関する一級の科学書である。著者レイチェル・カーソンには『沈黙の春』という，農薬汚染を警告し，アメリカの農薬の使用規制に多大な寄与をした書もある。

第3章　エコロジカルな循環と生活環境

魚類など多様な動物とともに，私たち人類も，「その血管のなかには，塩からい液体が流れている。そして，この流れには，ナトリウム，カリウムなどの元素が，海水とほとんど同じ割合で含まれているのだ。これこそは，何百万年といい知れぬ昔，遠い祖先たちが単細胞から多細胞へと進化し，そしてはじめてその体内に循環系が生まれたときから，受けついだわたしたちの遺産であり，その体内を流れる液体とは，たんに当時の海水にほかならなかったのである。」⁽¹²⁾

　生命は海から発し，すべてのものが再び海に戻る。海はエコロジカルな循環の起点であり終点でもあり，その意味において海は基点である。太陽に温められた海水の一部は水蒸気として上昇して気体となる。その雨滴は大気内を循環しつつ雨となって，河川，湖，そして田畑を潤しながら海に戻る。陸地と海水の温度差から生じる風は，波を起こし，海水の塩を陸に運び，その塩がやがて河川を経由して海に帰る⁽¹³⁾。
　その海のなかでは，「食物連鎖」の物語が繰り返されている。海のなかのもっとも微小な生物群は，海流にその身を任せながら漂流している。「プランクトン」である。その名称はギリシア語の「さまよい歩く」の意というが，そのプランクトンをニシンやサバのような魚類が捕食し，さらにその魚類は今度は大きな魚類の好餌とされる。また，プランクトンを好む鯨類の胃袋に収まる。鯨は別にしてその魚類を，鳥類，熊，イルカ，オットセイなどの肉食動物，そして人類が生きる糧として捕食している⁽¹⁴⁾。
　海の異変は，その「食物連鎖」に有害化学物質が採り込まれる時である。
　「食物連鎖」は，エコロジカルな循環を作りあげている。それは人間が創造したものではない。自然の賜物であり，その循環のなかで人間の生活は営まれている。私たちはこの循環の外にでることも，その循環を変形することもできない。私たちは，だからそのエコロジカルな循環の視座において，化学物質に依拠する今日的な生活のあり方を照らし出し，検証しなければならないのである。

3　消費から生産へのエコロジカルな循環

　目は観察し，実験し，記録し，さらに分析・判断する。もちろん，目の働きに脳が協働する。こうした過程は科学の知である。その中心的な感覚器官としての目は前しか見えない，という最大の弱みを持つ。つまり目は，他者は見えても，自分の姿を見ることができない。でも，鏡があれば見える。ここで見えるのは「顔」である。見たいのは言葉を語り活動する「自己」である。見えないことになぜこだわるのか。それは，「水俣病事件」を起こしたのは私であり，その自己を見ることがなければ「事件」は続く。なぜか。自己を見るとは，反省を意味するからである。

（1）　消費から生産へ
　現在の物質的な生活の見直しのために，循環論的視座が必要である。つまり，エコロジカルな循環に沿って，消費から生産へと考察することである。

> 生態的（＝ökologische）に見た節度を守ること，つまり自然の営みが耐えうる限界を認識することが今こそ必要なのではなかろうか？　世界的に見ても，私たちの発展モデル，豊かさのモデルは次の世代に繋げるものではなく，そのためには進歩というものを新しく定義しなおす必要を悟るべきではないか？[15]

　上記の一節は，NGOドイツ自然環境連盟（BUND）（略称「ブント」）の理事長，H. ヴァイガーによる「有機農業による自然保護」からの引用である。「ブント」は会員約30万人を抱えるドイツ最大の環境NGOであり，「ドナウを守れ」「野生を守れ」，あるいは「有機農耕」の推進に向けた活動を展開している。ヴァイガーは有機農耕が最大の自然環境保全活動だ，と主張する。裏を返せば，農薬や化学肥料に依存する慣行農耕は自然環境破壊だ，

という意味である。

　戦後の化学工業化のなかで農薬や化学肥料が大量に生産され，農事スケジュールに合わせて大量の農薬や化学肥料が水田や畑に散布され続けている。その散布によって農業者は肝臓などを患い，その農産物を食す消費者には健康被害が懸念される。有機農耕の特徴は，ミミズなどの生物が住み続けている，生きた土壌づくりである。農薬や化学肥料の投入を中止するだけでは有機農耕として認証されない。EUには「有機農耕基準」が定められ，またそれぞれの国ごとに細則が決められている。(16)

　生きた土壌づくりの向けられた先は，「食べられる土」である。堆肥などで肥沃度を高めた有機農耕の土と，農薬や化学肥料で組成された土は匂いを比較し，土を口に含めばその違いの大きさを体感できる。食は一人ひとりの身体を形成するものであり，命あるものを食しつつ，私たちは生命を得ている。私たちの一人ひとりが，多様な生き物，野菜・果物・魚介類・家畜などの生命を，さらに微生物の加工した漬物や清酒をいただいている。だからエコロジカルな循環を成り立たせているすべての生命のそれぞれに，「いただきます」と断るのである。

　エコロジカルな循環を理解するには，**図3-3**が正と負の循環を対比していて，分かりやすい。

　前者は農薬や化学肥料に依存しない農耕であり，有害化学物質が使用されず，したがって農作物に有害化学物質が残留しない循環である。土壌の改善を基盤とする有機農耕は，それだけを独立して捉えるのではなく，エコロジカルな循環というサイクルにおいて理解されるべきである。その循環においてこそ，自然環境保護や資源リサイクル，食の安全性などが，新たな社会形成の一環として論じ得るからである。

　環境先進国ドイツでは，有機農耕への転換を支援する条件が整っている。自治体の支援，有機農耕技術・有機農耕の認証などはNPO法人が支援，販路についてはこれもNPO法人の組織に加盟すれば，各地に設置されている「ビオ・ショップ」「オーガニック・ショップ」に出荷できる。有機農耕は手

図 3-3　エコロジカルな循環

物質循環がエコロジー的な農耕で完結している

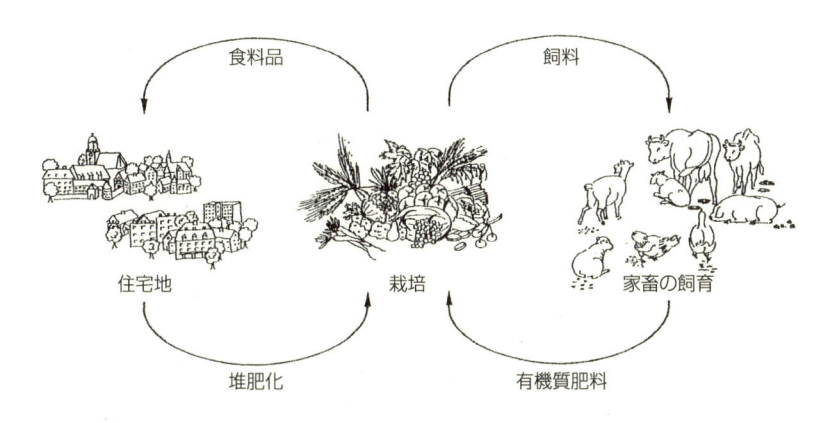

食料品　　　　　　　　飼料

住宅地　　　栽培　　　家畜の飼育

堆肥化　　　　　　　　有機質肥料

物質循環が慣習的な農耕で切断されている

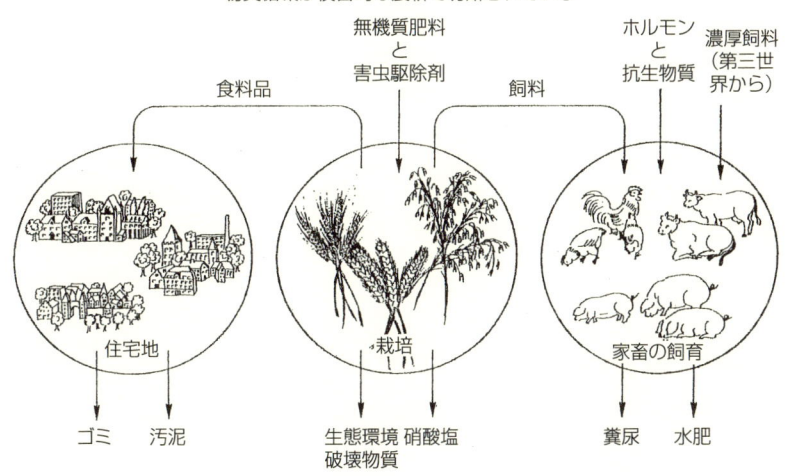

食料品　　無機質肥料と害虫駆除剤　　飼料　　ホルモンと抗生物質　　濃厚飼料（第三世界から）

住宅地　　栽培　　家畜の飼育

ゴミ　汚泥　　生態環境破壊物質　硝酸塩　　糞尿　水肥

（出所）　Arbo Gast, *Kaufberater Biokost*, Humboldt-Taschenbuchverlag, 1989, SS. 66–67.

間がかかる。だから，新しい農業への展望が拓けるのである。EUでの資料によれば，何と農業就業者が有機農場において増加している。人手がいる，だが価格ではなく製品の質で勝負，だから販売価格が安定している。それが安定した経営を保障するのである。グローバリゼーション（世界市場化）のもとでは，低価格競争での農業は化学物質依存か遺伝子組み換えを促すが，いずれにせよ，「工業化」の途を進むのだろうか。その価格競争の追求のなかでは，健康的な農業の展望は見えない。

社会福祉の先進国として紹介されている北欧のスウェーデン，ノルウェー，デンマークの諸国では，有機農耕の耕作率が高いことに注目すべきである。社会福祉とは食，住宅，所得，そして社会福祉サービスの層的，およびエコロジカルな整備であり，介護サービスの優位性をことさらに紹介するのは社会認識をゆがめる素因となる。社会形成の総合的な評価が不可欠である。(17)

（2）　食卓の文化

身体の内なる循環と体外の環境とをつなぐのが，食である。食は生命である。なぜだろうか。死に逝く人を看取るとき，もっとも大きな精神的苦痛は，「食べてくれるか」を見極めることである。排泄があり摂取があり，そして食があって生命がある。ここにも体内の循環がある。その自然の循環が切れるとき，死を迎えねばならない。

食は生命であるが，それは生命を維持する，という自然に沿う営みである。人間的生活における食は，食卓文化を大切にすることである。食べることだけでなく，食に一手間をかけたり，もてなしの気持ちを込めたり，一汁三菜の伝統に沿うこと，そしてもっとも大切なことは食卓の会話を楽しむことである。

ローマ市の社会運動に始まった「スローフード」は，「ファーストフード」のローマ出店を拒否する運動であったが，そこには，食文化は地域文化だ，という主張が込められている。地域の食材を使い，伝統の調理を継承して，食卓での美味を楽しむこと，そこにも時代や世代をつなぐ人間的誇りが伺え

るであろう。

　食卓の会話，とは言ってみたが，日本の現実は「個食」「孤食」あるいは子どもの「欠食」が常態化して，地域の課題として議論されている。食卓での会話，という日常性が壊れてしまうと，意図的に築かないと「個食」が当然視されてしまう。なぜこだわるのか。それは，ともに住む家族のつながりは，会話であり，ともに食卓を囲むことにある，と思うからである。ドイツでの食卓のルールは，共通の楽しい会話，だから仕事の話は禁止である。会話を楽しむのであるから，テレビは当然にして禁止。

　そして大切なこと，それは他者の話に耳を傾けること。自分のことを語るのは子どもであり，尋ねてよく耳を傾けるのが大人の会話である。お互いが聞くことを大切にしないと，楽しい会話は成立しない。私たちにとっては，私として語り得る会話の機会は少なく，その食卓は貴重な時なのである。

　学校給食は食卓文化を伝えうる良い機会である。「食育基本法」が制定されたが，給食の現場では，ともに食を，そして残さずに食べる，というテーマを追うのに精一杯に思える。給食の食卓に，地元の食材を生かした，「地産地消」はこれからの課題である。慣行農耕から有機農耕への転換には，土壌づくりに時間を要すること，水田に「合鴨」を放つ「あいがも農耕」にも技術が必要，さらに販路の開拓という難問もある。

　学校給食が，地域での有機農耕づくりの農業者を支援しつつ，子どもの健康な生活づくりに貢献できないだろうか。フランスの小さなある村で，有機野菜を子どもたちと栽培して，その収穫したものを給食の食材に使用している。「エコ給食」としての，消費者と生産者との役割を壊した上での一体的な健康野菜づくりの実践である。

（3）　未来への倫理

　本章の最後に，一つは「予防の原則」の考え方をかいつまんで紹介し，もう一つはその実践事例として，最新のEUによる化学物質の規制について検討しなければならない。それは，「REACH: Registration, Evaluation and

Authorisation of Chemicals」と言われている。2007年の施行である。私たちを取り巻く，化学物質づけの現代生活をどのように改善できるのか，その先進的試みに注目したい。

　まず前者について。1992年の周知の「リオ宣言」，その第15原則は，国際社会に向けて，以下のような合意の基に，予防的政策を提案している。「予防的方策 precautionary approach は，環境を保護するため，各国の能力に応じて広く適用されなければならない。」それは，「完全な科学的確実性の欠如」や「費用対効果」を理由に対策を延期してはならない，というのである。[18]

　予防の原則そのものは，きわめて抽象的で，ある種の理念である。だが，この理念の背後に傷病を避ける，という目的が潜んでいる。つまり，病気やけがによる障害を避けるという目的である。では，避けたいということは「異常」を避けることなのか，という問いを生む。ここに，障害のある人への偏見・差別を助長する，という疑義が提出される。私は「予防の原則」に関しては，その疑義に考慮して次のように考えている。

① 「予防の原則」の提案と同時に，「ともに生きる」という社会運動が必要である。逆に言えば，その社会運動なき「予防の原則」は科学の狭い領域での「リスク」判断で政策が策定されうる。

② 「予防の原則」は，その背景のリスクが確率という数値の世界であるので，数値目標で設定されがちである。したがって，常に，一人ひとりの人格の尊厳が無視される懸念がある。

③ 「予防の原則」は，未来にかかわる倫理に属していて，その行動原理は環境学習での修得などの共通認識を必要としている。

　そのうえで，「予防原則」に関しては，ドイツの環境政策が国際的な合意に先行していた。それは「ドイツ連邦インミッション防止法」のなかに規定され，その第5条（要認可施設創業者の義務）に定められている。「技術水準に相応した排出規制のための措置により，有害な環境影響に対する予防措置をなすこと」，とある。[19]

法制度の例証に少し字数を割いたが，では「予防原則」によってどの点が変更されたのだろうか。この原則は，とくに行動の原則の特徴を有していて，政策立案者と協働する市民組織あるいはNGO/NPOの指針として，さらに「予防原則」が市民合意に基づく政策でなければならない，との主張に寄与するのである。予防原則は未来に起点をおいて現在の環境政策を設定し，さらに現代の環境保全行動に強い影響を与えようとしている。

　ドイツは環境先進国としてEUの環境政策を先導しているが，1992年には，「ドイツ基本法」の第20a条に，「予防原則」を未来のビジョンづくりの一環として位置づけ，「次世代のために自然を守る責任がある」と明記した。[20] それは環境倫理学の構想に沿うものである。現在の認識が生活の質への判断を特徴とする「生命倫理学」に対して，環境倫理学は未来に視点をおいて現在の人間に責任を投げかける。この環境倫理学の立場に立てば，資源と環境に関して，「いかなる世代も未来世代の生存可能性を一方的に制約する権限を持たない」のであり，以下のような環境政策が設定される。

　「未来世代に廃棄物の処理を強制してはならない。未来世代に現在世代と同じだけの化石燃料の在庫を残さなければならない。すると，循環的に利用できる条件内でしか，エネルギーと資源を利用できない」[21] のである。未来の視点から現在を断罪すればおのずから環境政策の枠組み，そして私たちの生活の在りようも決まる。それがエコロジカルな循環に基づく社会形成を促し得るのである。

　いま一つの課題に移ろう。REACHというシステムの特徴は，10トン以上の化学物質の製造・輸入業者に義務づけるもので，一つは安全性評価書の作成および登録の義務である。つまり，「登録なくして市場なし」という原則である。

　もちろん，登録，評価，認可，そして制限がそのプロセスである。[22] 化学物質は市場に約10万種あると言われているが，そのうち年間製造量が1トンを越える約3万種の既存化学物質については安全情報がない，という。この規制の新しさは，既存及び新規についての安全性の証明を事業者に義務付け

第3章　エコロジカルな循環と生活環境　　43

た点である。当然といえば当然ながら，その実効性を担保できるところがEUの政治力である。

　もう一点のすごさが，この規制の終了を2020年に期限を設定したことである。1945年は戦後世代が誕生した年，この世代が化学物質を化学工業の成長に託して生産させたのであり，この世代が75歳になる2020年までに次世代には安全性の証明された化学物質だけを伝えるべきだ，という。次世代への責任を掲げる環境倫理の実践である。利潤に突き動かされる工業生産のなかで，何が生産されるのか，それは常に脅威である。予防原則を適用して，人間の身体を健全に保つことは当然の政策に思える。

　生物学が人間から独立した客観的な科学である時代は，すでに終わったのではないだろうか。人間の生活との関連のなかで生物学が再構築されるべきであると思う。と同時に，社会福祉学は，人間関係だけの世界を構想できない。一人ひとりの人間的生活を大切にし，その課題に向き合うには，社会福祉学はエコロジカルな循環を取り込まねばならない。本章は，その試論的な，ささやかな試みである。

第4章　社会的リスクと社会保険制度

　　　　　　　　社会参入の権利は，個人をたんに扶助されるべき対象ではな
　　　　　　　　くして能動的市民とみなす。この意味で社会参入の概念は，
　　　　　　　　経済的扶助と社会参加を分節することで，民主主義の時代に
　　　　　　　　おける権利を定義するのに貢献している[1]

　わが国の社会保障制度は，社会保険制度を主軸に構成され，先進工業諸国のなかではその社会保険はドイツのそれに似ている。つまり，社会保険制度が，年金保険・医療保険・雇用保険・労災保険，そして近年導入された介護保険の五つの種類からなる。ところが，その社会保障制度が根幹から揺らいでいる。本章の冒頭から，「揺らぐ」という表現を用いるほどに，将来展望なき，制度の「建て増し」が続けられている。社会保険制度として整備されたのは第二次世界大戦後であるが，いうまでもなく，社会保険制度は欧州を起源とするものであり，市場経済との対抗という点で，人権や平等などの理念を掲げる近代市民社会の展開と軌を一にしてきた。
　この章では，とくに社会保険の設立の理念とその構造，さらに今日の揺らぎの内容，最後に社会保険制度の再生の可能性について考察してみたい。

1　社会保険制度の利点と欠点

　2008年春，「保険証ないねん，先生，湿布くれ」，という一人の小学生の声から，無保険の子どもを救えという新聞キャンペーンが開始され，それが民意を，さらに政党・政府を動かした[2]。2008年12月，国民健康保険法改正

によって中学生以下の救済が決定した。ただし，高校生世代が対象外とされたが，その後政権交代後に救済策が講じられた。また，その救済の財源負担は自治体に負わされることになり，したがって，財源措置のないまま自治体に委ねれば地域間での格差を生む恐れがある。

10月に厚労省の発表では，無保険の子どもは全国で約3万3000人であった。無保険という事態がなぜ生じるのか，医療保険制度の理念と運用についてまず考察しなければならない。

国民健康保険法は1938年，国家総動員法とともに制定された。陸軍の健康な兵士を調達するには農村地域の健康管理が欠かせない，という趣旨からである。戦後における国民の貧困と窮乏，そして疾病状況のなかで，国民健康保険の財政は破綻し，48年に任意設立の組合方式から市町村経営へと転換する。

この国民健康保険は，民間企業で加入する健康保険や国家公務員と地方公務員などで組織する共済保険に加入してない，これら以外の国民を被保険者とするものである。つまり，「すべての地域住民を対象として医療保険事業を実施する結果，……国民はすべてその業務外の傷病につき医療保険の保護を受けることになる」。こうして，既存の職域保険に地域保険としての国民健康保険が加えられたのである。サラリーマンの職場と地域で自営業を営む人，これで国民のすべてが医療保険の恩恵を受けるはずである。ところが「無保険」が生ずるのである。

社会保険制度の基本型は，保険料の納付とそれに対応する反対給付から構成されている。つまり，案山子のように両端の，納付と給付の均衡で運営されている。社会保険制度は「保険」という用語に示されているように，保険料の拠出を基本とし，その拠出金などを管理するのが保険者である。保険料を納付する人が被保険者，保険料などの拠出金を管理しながら運営するのが保険者の責務である。

保険制度特有の用語が飛び交うが，用語が難しく構造も複雑に組まれているので，まず基本形で理解することが望ましい。さて，保険給付には金銭給

付と現物給付がある。金銭以外での給付が現物給付であるが，この「現物給付」はドイツ語の「Sachleistung」の直訳であるためにその意味が伝わりにくい。現物給付は，医療保険では主として診療サービスであり，具体的には診察，薬剤・治療材料の支給，手術などの治療，病院・診療所への入院および看護ならびに移送などを指している。[6]

医療保険制度は疾病にかかわる社会的リスクの軽減を目的としているのであり，制度の趣旨からすれば，現物給付（医療サービス）を受けられるはずなのに，なぜ子どもが「無保険」の状態であるか。事は社会保険制度の本質，あるいは根幹にかかわる問題なのである。

この医療保険での給付の受給を得られる，つまり受給権者は被保険者である。被保険者とは所定の保険料を保険者に納め，保険者証を所持する者である。ということは，被保険者であっても保険料を納付しない場合には保険の受給権が生じないのである。つまり，保険証を使っての受診ができないのである。この事例は医療保険分野での「無保険者」であるが，社会保険制度のなかでもう一つの重要な問題，国民年金での未納者がある。

年金保険制度には，民間企業の雇用者の加入する厚生年金保険，国家・地方公務員や私立学校教職員のための共済年金保険，そして商業者や農林漁業者などの自営業者のための国民年金制度がある。前者が職域であるのに対して，後者は地域保険とも呼ばれ市区町村の管理である。国民年金保険料は2006年度で1万3860円（月額）であり，一般的には負担感のある金額である。国民年金の保険料納付率は2004年度で63.6％であり，その率は低下傾向にある。その未納率は若年層ほど高い。2006年度の未納率では，20～24歳で73.1％，25～29歳59.6％，30～34歳53.8％，35～39歳52.6％，である。[7]

若年者の未納率は就業形態では，「臨時・パート」とならんで「常用雇用」でも高い。また30歳代では「自営業主」や「無職」も多く，20歳代では「家族従業者」の多さも顕著である。20～30歳代での未納率の高さは言うまでもなく所得の低さに起因している。国民年金の未納率が注目されているな

かで，厚労省は納付と給付との均衡では納付額が低ければ給付額も下がり，総体では影響なし，という。また，未納付の率に関しては，公的年金全体の加入者を分母として算出すると，5％程度に収まる，という。こうして数値合わせで満足していれば，この問題性は検出できない。[8]問題性は一人ひとりに注目すべきで，基本的に二つに絞られる。

① 「一人一年金」を理念とする基礎年金としての国民年金の社会的意義についてである。とくに，専業主婦の年金制度を導入した皆保険制度，2006年度の年金制度改正の意義。若年者の将来での「無年金者」化が危惧される。

② 社会的連帯として形成・維持されている年金制度の再構築とその根本的な検討の必要性についてである。これは，社会保険方式に固有な納付と給付に関する点であるが，②は年金保険のみにとらわれずに，社会保険制度のコンセプト，そしてその制度的始原をドイツの事例に即して辿ることにしたい。

まず明らかにしたい点は，国民年金で「未納者」がなぜ問題となってきたのか，という点である。年金保険の種類には前述したように厚生年金，共済年金，そして国民年金があるが，前二者は職場で保険料が給与から天引きされるが，国民年金は被保険者の直接納付である。そこで，「未納」という状況が発生する。だからといって，未納を放置できないのは，さしあたりは老齢年金に限っても，将来65歳以降での年金受給権が失われるからである。

もちろん，25年の受給資格要件を満たす可能性は残されてはいるものの，月額1万4410円（2008年度）の納付は低収入の若者には必ずしも楽ではない。国民年金はそもそも，自営業者の加入する保険であったが，なぜすべての国民が加入することになったのであろうか。2006年度の年金制度改正での趣旨は無年金の解消であり，とくに専業主婦の年金化であった。その趣旨に照らせば，一人でも無年金者が発生することは許されないことである。25年間の被保険者としての加入条件が，年金の受給資格を左右しているケースも多い。ちなみに，65歳以上で公的年金の受給資格のない無年金者は62万

6000人（2004年）にも上る。

　医療保険での無保険者と国民年金の無年金者とその大量の予備軍，皆保険制度を謳った社会保険制度はそのねらいに到達していない。リストラで解雇された中高年者，定職のない若者，あるいは社会保険料を収められない若年就業者の低収入，つまり今日では，「労働者なき労働世界」を背景にしているのである。保険料を納付できない労働者には，この社会保険制度は無用の長物でしかない。

　また，職域で公的年金保険に加入しているにもかかわらず，65歳時で25年の加入期間に達しないために，保険料は給与の天引きで徴収され続けているケースもある。ある厚生年金保険の例では，毎月2万8492円が徴収され，同時に雇用者を抱えて会社も同額の保険料を納付している。[9]年金受給権の発生する資格加入期間の短縮が，まず優先的に検討されるべきである。

　ちなみに，年金受給権の資格要件はドイツでは15年（低収入者は5年），英国では男性11年・女性9.75年である。医療保険や年金保険に見られるように，保険料を納付できない者は無保険者となる，このことが社会保険制度の根幹でありながら，そこに問題が集中している。それは社会保険制度の成立根拠であり，その必要性を再検証すべき重大な争点である。

2　社会的リスクと保険原理

　社会保障制度の要としての「社会保険」，というのは戦後の「福祉国家」「福祉社会」を表わすときに，使われる表現だ。この社会保険について，その始源に立ち返って考察してみたい。概念の始源を求めるのは，それが概念の本質にかかわるからだ。そこで19世紀後期のヨーロッパ，とくに社会保険制度を世界で最初に導入した1980年代のドイツに注目したい。

　社会保険という用語は，「社会的」と「保険」から構成されている。「社会的（＝social）」という用語は私たちアジアの国に生活する人間には理解し難い。ドイツの介護保険法は，「soziale Pflegeversicherung」と表現されて

いるが邦訳では,「公的介護保険法」とする。「Pflege」は養護・育児・介護などを指す。問題は「soziale」,つまり社会的という表現,「soziale Pflegeversicherung」を忠実に訳すと,「社会的介護保険」となる。これでは日本語の文脈に入りにくいので,「公的介護保険」と訳している。

「social」については次節でもとりあげるが,ここでは「リスク(＝risk)」と「保険(＝insurance)」の結びつきに焦点を当てよう。19世紀末の失業と貧困の時代に,この二つの用語が幸福にも結びついたのである。

今日ドイツでは,「リスク社会(＝Risikogesellschaft)」論が,福祉社会論を押しのけて優位にあるのは,現在の社会的不安を映し出しているからだろう。リスク社会論はドイツの社会学者ベックの『リスク社会』[10]で展開されたが,社会福祉給付による「個人化」の不安を描き出している。現在のリスクの意味は,安全性に対抗する内容をもつ。つまり,リスクを避けて安全な生活,というのはごく日常的な受け止めかたであろう。だから,多くの人が歓迎できるような,リスク回避をねらう社会保険制度はその思考を延長させた制度である。

だが,リスクには両面がある。つまり,回避すべきリスクか,それとも引き受けるべきリスクか,ということである。何を語ろうとしているか,これでは分かりにくい。

冒険家に登場してもらおう。前人未踏の地に向かう,その冒険家は完全な装備と準備のうえで,それでもリスクを背負い,旅立つ。そういう物語を,背筋のゾクゾクする感覚で読み通した記憶が私に蘇る。そのゾクゾク感は,内なる臆病さを叱る,冒険家の叱咤への共鳴なのだろうか。

今日のリスク観は,それとは根本的に異質である。冒険物語から認知症介護の現場に目を移そう。ここでは,安全性を重視して,つまりリスクを回避するために,認知症のある人の行動に制限を掛ける。その種の「介護」は日本だけでなくドイツにもある。これがときに,「リスク・マネジメント」と呼ばれる。一人ひとりの身体は,自然である。自然ということは自由ということでもある。語りたければ語る,歩きたいときは歩く,眠いときは寝る,そういう自然のなかに生きている。だから転んだり,ケガをすることもある。

その一人ひとりの自由な身体を消すのが，施設での身体「拘束」である。

　リスク観には，リスクを背負うことと，リスクを回避すること，その両面があり，今日では後者を良しとする思考が圧倒している。その両面がある，という認識が非常に重要である。さて，リスクという場合に，そのリスクが集合的なもの，たとえば工場での事故，あるいはけがや病に見舞われる，そうした個々人に共通しうるリスクがあり，それらを社会的リスクという。その社会的リスクに伴う費用や生活の支障の回避や軽減が社会保険制度の設立理念となる。

　社会保険制度の根幹は拠出制であるから，「リスク」を認識する人は，その団体に加盟し，拠出としての保険料を納付する。とすれば，リスクが発生したときには，その補償や保障を受けることができる。だから，保険料の納付と保険の給付が対応している。それが社会リスクへの対応なのである。その点についてはすでに触れた。でも，リスクはいつ発生するか，その程度は如何に，という点については将来のことであり，不確かなことである。だが，そのリスクが数値化されるのはなぜか。ここには，リスクに関する認識の歴史がある。つまり，リスクを確率と考える，そうした認識の積み重ねがある。

　H. ナイトは，彼は1950年にアメリカ経済学会会長に就任するが，1921年に著した『危険，確実性および利潤』において，リスクと不確実性とを区別して，以下のように記述している。

　　測定可能な不確実性，あるいは〈リスク〉そのものは，測定不能な不確実性とは全く異なっており，実際には少しも不確実ではない。[11]

　彼は，リスクが不確実性とはいっても，測定可能なものである，という。リスクにおけるこの性格づけが今日まできわめて重要な意味をもってきた。測定可能であるから確率を計算できる。この H. ナイトの時代に至って，従来のリスクを賭ける投資の意味から，リスク観が転換され，リスクは計算されるべきものとされる。

こうしたリスク観を有する経済学者がもう一人いた。J. M. ケインズである。彼は，1936年の『雇用，利子および貨幣の一般理論』において，伝統的なセーの法則を批判して，後に「ケインズ革命」と呼ばれる経済学を打ち立てる。そのケインズの『確率論』において，リスクは定義可能であるが，不確実性は定義不可能とする。と同時に，「不確実性こそが現実世界における支配的パラダイム[12]」なのであり，この「不確実性」を彼は経済学の基調に据えるのである。

　このリスク観が社会保険制度への途を拓く。リスクは数学的な確率である。この点で，つまり数値化においてリスクと保険原理が重なる。保険原理は17世紀初めには海運業において活用されていた。その保険原理は，リスクから保険料を算定する，その手法である。今日の民間損害賠償保険における自動車保険を思い浮かべれば，分かりやすい。つまり，自動車事故のリスクを年齢層に従って区分し，保険料率を算定している。19世紀に社会的リスクが高まるなかで，社会的リスクと伝統的な保険原理が結びつけられた。

　その19世紀末，産業革命後の労働環境悪化のなかで，労働組合運動は対政府攻撃を強めつつ，社会主義的運動と連携し政府を揺さぶり，組合の扶助機能を強化拡大していた。その最中の1883年に，ドイツではビスマルク宰相によって世界で最初の社会保険制度が創設された。それが，法定疾病保険である。その「疾病」という言葉はわが国では死語に近いが，ドイツ語の「Kranken」，つまり元々は病気やけがという意味の邦訳である。「病気保険」とも訳しにくいので，疾病の漢字を使っているわけであるが，84年に労働者災害保険法，89年に養老・疾病に関する年金保険法が成立する。それは相互扶助制度の制度的拡充としての社会化であった。この時代の社会保険制度の導入を示すのが **表 4-1** である。

　ビスマルクは，社会保険制度による労働者「保護」，という社会政策を国家主導で築き，社会運動の抑制をねらっていた。他方，労働組合は相互扶助の制度を拡充しながら，労働組合の連帯による「自立」を強化しようとしていた。国家の「保護」と労働者の「自立」，その相克は，当時のドイツ社会

表 4-1 第一次世界大戦前後期での社会保険の導入状況

国 名	最賃制	災害保険	医療保険	失業保険	年金保険
イギリス	1909	1897	1911	1911	1908*
フランス	1915	1898	1928	1905**	1910
イタリア	1926	1898	1912	1919	1919
ドイツ	1923	1884	1883	1927	1889
オランダ	1920	1901	1931	1916	1919
スウェーデン	1918	1901	1891	1934	1913
オーストラリア	1906	1902	1944	1944	1908
日本	1959	1947	1922	1947	1941

（注）　＊は国民福祉年金，＊＊は無拠出失業扶助を含む。
（出所）　佐藤進『社会保障の法体系』(1990年) を参考にして作成。

政策学会での討議やメディアでの争点であった。

　労働者の失業と貧困という現実を前に，労働組合はその市場の不合理性を攻撃し使用者側の妥協を引き出そうとするが，労使関係は市場経済に立脚しており，その市場経済そのものからは救済策をひきだせない。その認識は当然であり，市場経済は競争を原理とする領域だからである。

　その「失業」とは，新しい用語であり，正確には「unemployment」，つまり雇用されざるもの，という意味である。雇用されなければ収入を確保できないが，労働者は企業の雇用に依存する他にない，それが労働者の現状でもある。重要なことは，18世紀の後半から「unemployment」の意味が，「怠惰」から「社会」へ転回したことである。つまり，職に就けないことは「社会的」責任なのだ，という認識が生まれたことである。だが，その「怠惰」観は，今日においてもなお失業観のなかに潜む思考であろう。

　しかも，市場経済は不確実性を特徴とする世界である。イギリスの経済学者ケインズは，失業は不確実性の証として，市場における不可避な所産と看做すとともに，雇用を確保するには，政府の人為的・政策的な市場介入が必要と説いた。労働者が市場のなかで生きざるを得ない，そして企業に依存しながら，しかもなお事故・疾病・失業などの社会的リスクを軽減できるか，

それが問われたのである。

その社会保険制度の確立のなかの過程で，社会的連帯が拡張する。それは，市場の「経済的なこと」に対抗する「社会的なこと」の設定である。それはまた，市場での「競争的なこと」に対する「仲間的なこと」の設定でもある。その社会的連帯は，扶助金庫における「扶助」の人間関係を継承するものであるが，さらにそれは市民革命後のヨーロッパにおいて，そしてまた産業革命期以降の労使対決と労働運動の展開の過程のなかにおいて，西欧中世都市における相互扶助の経験が呼び起こされたのである。

ドイツの社会保険は，国民国家の形成の途上において設立され，しかも，労働組合と企業連合が社会的パートナーとしてその制度を支えている。したがって，社会保険の保険料は双方の折半とし，双方の代表を選挙で選出し，その代議員で社会保険制度を運営する。つまり，それが「社会的自治」の方式と呼ばれ，今日に継承されている社会保険制度の基本的特性である。留意を要するのは，ドイツでの社会的自治による運営と日本での厚労省主導，いわば「国家保険」の運営との対比である。ここではその詳細を論議する余裕はないが，日本とドイツとのこの差異の大きさ，それは，日本の社会保険制度での「社会的なこと」の欠落を浮き立たせていて，興味深い。

> 保険が（義務によって）全般化されたなら，それは真に社会的なものとなる。そのときに保険は，一種の道徳的および社会的変革の役割を担うだろう。社会保険は人間の善意志を介在させることなく，安全と連帯とを生み出す見えざる手として機能するだろう[14]。

上記の文章の眼目は，社会保険という制度化が，つまりその社会的保障が給付として金銭化，あるいはサービス化される，という点にある。そこには「人間の善意志」を隠すことによって実現する支援，と宣言されている。換言すれば，一人ひとりへの援助における個別性や人格性を消すことである。そのことは同時に，保険料の納付者の給付請求権を発生させて，援助に付随するステ

ィグマ（＝刻印）を消し去った。だから，相互扶助という初期の理念は，「社会的なこと」に置き換えられ，社会制度という抽象の世界から被保険者の行動を規制するのである。こうして社会保険制度は，個々人の小さな負担で大きな保障を得られものとして，世界の国々の福祉政策の範となった。

3 「社会的なこと」と「経済的なこと」

　市場経済の不確実性は，時として牙をむいて人間社会を襲い，二つの世界大戦の遠因となった。第二次大戦後の多くの国で，社会保険制度を軸として社会保障体制が整備されてきたのは当然の帰趨である。市場という「経済的なこと」に対抗する社会保険，それは「社会的なこと」として，自由・平等・博愛の民主主義理念の現実化としても，好都合な発明であった。市場は私的に貨幣を介して人をつなぐ世界，それに対して，連帯による「社会的なこと」は人格的に人をつなぐ世界である，と了解されたのである。

　わが国では，「社会的なこと」を構想・建設する力が弱い。つまり，横へ横へと手をつなぎ，相互扶助としての法人格を有する団体を図る，という歴史を持たない。それでも，けがや病気のリスクに対する共同の備えが，ある地域で組織されている。興味深い事例だが，社会福祉のなかで紹介されることがないので，ここでその概要を記述しておきたい。

　それは，「定礼（じょうれい）」という健康保険制度である。その定礼は，福岡県北部の宗像（むなかた）地区を中心に，幕末の黒田福岡藩の時代から昭和初期まで維持されたようである。その特徴は以下の諸点である。

　①大字（おおあざ）の村を単位として，その全戸数が参加して組合が組織された。
　②全戸数は定められた組合費を納めるが，その額は資力に応じ，また免除もあった。
　③組合は徴収した組合費を医療費に充て，医者と請負契約を結ぶ。その医者を「定礼医者」と呼んだ。

　実施した村は農村地区であり，多くが診療費支払いに事欠く農民である。

農民たちが医師の確保のために，水稲農耕でつながれている関係をいかして組織化したのであろう。宗像郡の約60の大字のうち，37地区に定礼の存在が確認できるという。その始まりは，定期的な医師への謝礼であったのが，医師の確保のために医療費を拠出する組合がつくられた。医師にしてみれば，支払い能力の無い人が多く，医療費は割引を強いられるものの，それでも医療費収入の最低保証としてでも確保することに意義があった。

1891年（明治24年）に，宗像郡開業医師組合が定礼の廃止を決定するが，結局，定礼は昭和初期まで存続する。その理由は，上述したように，農民と医者双方での「経済的なこと」の都合にあった。この時代，ヨーロッパでは社会保険制度が開始され，普及する。医学が進展し，医療機器の開発も進み，医師はその導入の必要に迫られる。そのためにも，安定的な収入の確保が望まれていた。定礼のもとでは，診療内容が顧慮されず，診療費はすべて一括定額だったからである。

定礼は，いわゆる「社会的なこと」ではなかった。それは，村という農村共同体のウチ内での助け合いであり，「家」の集合体である。すでに記述したように，ヨーロッパ的な「社会的なこと」は，「家」に帰属しない，そうした個々人の契約による人と人のつながりである。だから，一人ひとりは，他者へ，そして横へと人格的につなぐ，その社会形成の核となり得るのである。

さて，わが国での初めての社会保険制度は，1922年（大正11年）に制定され，1927年（昭和2年）の施行された健康保険法である。この健康保険法は疾病だけでなく，労働災害も含んだ傷病に対する療養給付を基本としている。この健康保険法の施行にあたっては，組合の組織率が6.6％であったとはいえ，労働組合による強い反対運動が展開されたことは記憶に留めておくべきである。そのビラに「健康保険法は有難いどころか，労働者いじめの悪法だ」とある。「悪法」と指弾された点は，基本的には以下の3点と思われる。

① 労働災害の事故が含まれているが，労働災害は使用者側の全責任であり，労働者には保険料納付の負担がないのが基本の考えかたである。

②保険料の積算にあたって，基礎となる基本賃金が残業などの手当てをも含むために高額となり，その納付に応じると生活に窮する可能性がある。
③保険料が高額であるのに比べて保険給付額が低すぎる。病気であれば，180日を越えると療養費も手当ても中止されるのである。

殖産興業を謳う明治国家は，軽工業産品を輸出して，重工業生産の資源の輸入を図る国策を推進し，「女工哀史」に見られる18歳未満の児童労働，しかも低賃金，14～15時間におよぶ長時間労働を放置してきた。今日の労働基準法にあたる「工場法」の制定は，1911年であり，しかもその実施を1916年（大正5年）まで引き伸ばし，「15歳未満の年少労働者と婦人労働者についてのみ就業時間12時間，1ヶ月2回の休日を規定」[17]しただけである。1919年にはILO（国際労働機関）が一日8時間，一週48時間労働制を採択しようとする時代のことであった。その他では，恩給，退隠料，遺族扶助料などの制度が実施されたが，その対象は天皇制下の軍人，官公吏および教員を特権的に位置づけたものである。こうした，「軍人，官公吏，教員に対する生涯生活保障の措置だけは，このように早期に確率したが，勤労国民に対する措置は――低劣な内容の恤救規則その他の救貧制度のみであった」[18]。

わが国での社会保障制度の導入は，周知のように，ようやく，第二次大戦後のことである。主な，と言っても独断と偏見によって法制度を顧みてみたい。戦後，日本国憲法が1946年に制定され，新しく生まれ変わる日本の道筋を示した。だが，両親や親族を戦争でなくした子どもたちが街頭に溢れ，物乞いをして命をつないでいた。「児童福祉法」が，1947年に制定された。収容・保護から児童の自立支援へ，その転換を促す意味において2008年の児童福祉法改正は重要な意義を有している。

戦後の社会福祉は「措置」の福祉であった。つまり，援助の必要な人のサービスは行政が決める，というルールである。「措置」から「契約」へ，その大きな転換は2000年の，いわゆる「社会福祉法」の制定である。この年に，介護保険法が施行されていて，その介護サービスは介護契約を要件として位置づけるのである。介護保険制度は5年ごとに見直すのは良しとしても，

理念なき法律ゆえに，ますます複雑かつ理解不能な保険制度への途を進んでいる。加藤周一の言う「建て増し」文化の最悪事例である。[19]

　高齢者支援が始まったのは，1963年（昭和38年）の老人福祉法の制定である。この法において，初めて重度の高齢者を介護する施設，つまり特別養護老人ホームが設置された。高齢化時代に対応する最初の重要な法律である。1989年（平成元年）には，ゴールドプランが策定される。高齢者を地域で支えるためのサービスの整備が目的とされた。高齢化は認知症高齢者の増加を予測しなければならない。認知症の高齢者だからこそ，住み慣れた地域での生活の継続が重大なテーマとなる。だから，2005年の介護保険法改正において，在宅サービス，施設サービス，その従来型に加えて，第三類型として地域密着型サービスが設置された。認知症対応としてのグループホームや小規模多機能施設がそれに属する。

　さて，「社会的なこと」という課題に戻し，以下の記述で本章の結びとしたい。そこで，もう一度社会保険制度の前提とされる，いわば基本的なことをおさらいしてみたい。その制度は，金銭や国家の強制的命令に優先して，人間と人間との直接的な関係を基礎とする集団や組織の援助を重視すべきだ，という思考に依拠しているからである。個々人が負う社会的リスク，たとえば，労働災害のリスクを負うのは一人ひとりの労働者，だがそのリスクを社会的リスクと読み替える。この読み替えによって，一人ひとりのリスクの軽減は社会的に解決したい，という新しい提案が生まれる。一つ目の前提はこの原思考にある。

　二つ目は，上記の社会的リスクを「保険原理」の技術に結びつけて一人ひとりの負担を軽減することである。一人ひとりのリスクの多寡を無視して，均等な保険料率を設定すること，それは社会的連帯の実現でもある。負担軽減とはいっても，保険料の納付が給付請求の前提である，これは周知のことである。その保険料の納付は，フルタイム労働者の層であれば可能と想定されている。

　三つ目の前提は，国民国家における企業連合と労働組合，あるいは使用者

と雇用者との社会的パートナーシップの成立である。社会保険制度をこの社会的パートナーシップで支える，たとえば保険料での折半である。それが「福祉国家」への途を切り拓くはずであった。

　今日，この三つの前提のいずれもが，その判別は社会的認識如何にも拠るが，揺らぎ，あるいは崩壊の過程にある。一人ひとりのリスク回避を引き受けたはずの「社会的なこと」への信頼が崩れた。医療や年金保険料の未納率の上昇には，臨時・非正規雇用の拡大による，不安定な身分での低賃金が起因している。そして，国民国家の社会的パートナーの一翼であるはずの企業は，中高年者を「リストラ」名目で解雇しつつ戦後の長期雇用慣行を破棄した。その企業は世界の多数の地域に工場や営業拠点を配置し，グループ全体での利潤を追及する，いわゆる「低価格競争」世界戦略の多国籍企業（multinational corporation）である。中小企業はその世界戦略の裾野に張り付いている。だから，国内での雇用機会の増大を求める法人税の軽減や，公共投資ではその効果に直結しないであろう。多国籍企業は国民の福祉向上の社会パートナーではない。

　いま求められているのは，「社会的なこと」，その再形成である。なぜ，「再」であるのか。既存の「社会的なこと」が崩壊しているからである。社会保険制度は「社会的なこと」でありながら，その給付は個別的である。たとえば，失業した人，その人は「離職証明書」と「求職票」をハローワークに提出することによって，失業給付を得られる。社会保険制度は，給付すべき人びとを，たとえば「失業者層」として括ることで，給付額やサービス内容をパッケージ化している。だが，その金銭給付以外での，その後の援助は期待できない。その事情は生活保護事業においても同様である。だから，生活保護三世代という「負の循環」が，実際に起こっているのである。「経済的なこと」でもって終始良し，と看做しているからだ。

　また，生活保護給付を含めて，社会保障給付の性格は，受給者の個別化，あるいは個人化を進める役割を演じる。給付の基本は個々人への「金銭」，あるいは「サービス」だからである。金銭は独立的であるから，貯蓄に耐え

うる。また，金銭は物との交換を媒介している。金銭でつなぐ人間関係は，金銭がなければ切れる。市場においてしか人をつなげなければ，金銭への依存が高まる。

　年金保険は所得保障である。その意味において「経済的なこと」である。そのなかに「基礎年金」という制度が，1986年に施行された。専業主婦を含めて国民すべてが年金制度に加入すべき，という「皆年金」の実現である。ところがその理想を現実が打ち砕いている。2005年の生活保護受給者に関する厚労省の調査結果を参考にする。それによれば，受給者約55万6000人の高齢者のうち，52.9％の29万4000人が公的年金の無保険者，という。知りたいのは，公的年金の無保険者や減額年金受給者である。2005年では，約45万人の無年金者の60％以上が生活保護受給者である。厚労省は，2007年には70万人，その後118万人まで増え続ける，と予測する[20]。生活保護を最終の，最低生活保障制度として位置づけ，その手前の社会保険でセーフティネットを設定する，という意図が壊れている。

　現在も，国民年金未納率が上昇中，しかも若年層の未納率が高い。公的年金の無年金者予備軍であるし，将来的な潜在的生活保護受給者の危惧が大きい。基礎的生活保障の確保，この基本方針は社会的に合意可能である。「経済的なこと」として認識すれば，さしあたっての課題は財源に絞られる。社会的格差是正の視点からは，高額所得者への累進課税の強化に合わせて，消費税率の引き上げだろうか。消費税率では，スウェーデンの25％は別格としても，イタリア20％，ドイツ19％，などEU諸国での税負担は間接税中心である。ただし，消費税率の設定において，基礎食料品などについては軽減税率で対応するなどの措置がなければ，低所得者は困窮度を高める。

　「労働なき労働者」，増加する低所得者や失業している人の生活を支えるのは，減少しつつある正規労働者である。ある認知症のグループホームでは，十数人の就業者のうち正規職員はただ一人である。一方の労働者側は常に生活不安におびえ，他方の労働者は日々過労死に追い立てられる。だが，労働者の双方は社会保険方式や税を介して，間接的に支えられている。それを支

えるのは社会的連帯である。その原理は,「do ut des（我が与える,故に汝も与える）」,という(21)。他者が先にある。ここに人と人との連帯が暗示されている。

その社会的連帯は「社会的なこと」を象徴している。働く意欲があり職を探しても職はない,その非就業を「失業」というが,その失業とは雇用関係が解消された状態であろう。職に就けない新規の高卒者・大卒者など,いわゆる非就業者には雇用保険は適用されない。それは「社会的排除（＝social exclusion）」である。社会が排除している,この点が重大である。だから,社会による「社会的包摂（＝social inclusion）」が要請されるのである。非就業,あるいは解雇も,個人責任でも家族責任でもない。だが,排除にいたる過程はまったく,個人的であり,個人史そのものである。その一人ひとりへのかかわりのなかで,ソーシャルワークは,その個々人の受動的市民から能動的市民への転換を促がす。労働の権利,そして社会活動での社会参加,そうした言論や活動による社会権の豊富化。そのソーシャルワーカーは当事者に添う過程を通じて,次のように記述する。

> 契約によって相互関係が定着し,受益者はみずからの固有の未来に責任をもつ当事者とみなされ,社会の側には手段にかんする義務が生じる(22)。

一人ひとりの尊厳と意思を基にしたソーシャルワークの支え,その活動が個々人と社会とを関係づける。それは,「個人の尊重が社会の紐帯の再構築に相伴う契約的個人主義の途」(23)。社会保険や生活保護の給付は,排除の代償としての金銭給付である。「経済的なこと」中心から,「社会的なこと」中心へと,給付・相談・支援による社会形成が転回されねばならない。一人ひとりを捨象し,社会的リスクと保険原理によって築かれた社会保険制度は,排除から包摂へという新しい課題を抱えて,一人ひとりへの支援というソーシャルワークへと回帰してきたのである。

第4章 社会的リスクと社会保険制度 61

第5章　バリアを低くして社会参加へ

Nothing about us, Without us.（＝私たち抜きに，私たちのことを決めないで）。国連の障害者権利条約の作成過程では，障害のある人自身が参加して，交渉過程でも鍵となる役割を果した。[1]

　障害のある人の国連権利条約は，2006年12月の第61回国連総会において採択された。エクアドルが2008年4月に批准したことで批准国が20か国に達し，条約そのものは発効した。だが，日本は2007年9月に署名はしたものの，2010年10月現在，いまだ批准に至っていない。
　その権利条約の重要なコンセプトの一つをここで紹介したい。それは，「reasonable accommodation（合理的配慮）」に関することである。条約の章句を以下に掲げよう。
　「〈合理的配慮〉とは，障害のある人が他の者と平等にすべての人権及び基本的自由を享有し，又は行使することを確保するための必要かつ適当な変更及び調整であって，特定の場合において必要とされるものであり，かつ，均衡を失した又は過度の負担を課さないもの」である。[2]
　その主意は，障害のある一人ひとりが，障害のない人と同じ様な社会生活を送れるように，社会環境，たとえば住居，仕事，移動などに関する社会環境の整備を最重要視するのである。その「合理的配慮」が整えられないと，それは「差別」とみなされる。なぜか。「合理的配慮」が実行されず，その当事者の社会参加が阻まれるからである。そこに「合理的配慮」の社会的意義がある。さらに社会的参加への誘いは，障害のある人を受動から能動へ，

給付から仕事へと，その転回への転轍機(てんてつき)の役割を果たすことが期待されている。それは消費者である以上に生産者としての「社会的参加」の推進なのである。

そこで，障害のある人が福祉用具や住宅改修によって，より「快」を体得できるような社会環境づくりの事例を紹介することにしたい。その事例は，私が理事長を務めるNPO福祉用具ネットのメンバーによる事例研究の成果に基づくものである。

1　ウェルビーングと生活環境

人は起きているかあるいは寝ている状態なのか，その違いは当事者にとっては生活の質を規定するきわめて重要なことである。事故や病気での入院後，急性期から回復期へと症状が好転して，起き上がりが可能であるのに「寝ている」状態にあるとすれば，それは人為的な「寝かせきり」である。それがわが国で一般的に言われている「寝たきり」を指している。私は，その「寝たきり」の問題性とその解決への提案をこの章の課題としたい。少し先走って言えば，「寝たきり」を予防するには福祉用具の活用と住宅の改修が非常に重要だ，ということを述べたいのである。もう少し先走って言えば，当事者の支援に際しては，まず福祉用具，次いで住宅，そして人のサービスの順が基本である。つまり，当事者の生活の質を向上させるには，住宅と福祉用具という住環境の整備がきわめて重要な課題なのである。

以下に，現場でサポートした事例[3]を紹介しつつ，その支援活動から見えてきた生活設計の重要性を学びたいと思う。

2　「寝たきり」を起こす

当事者：70歳，男性，脳梗塞と頸椎による四肢麻痺，要介護度4，心臓
　　　　疾患のある妻（70）と二人暮らし，約五か月の入院生活から退院
　　　　へ，

　　　　　生活の希望：自宅での生活，トイレでの排泄。
提案：①福祉用具（レンタル）：電動ベッドキャスター付き・スイングア
　　　　　　　　　　　　　　ーム介助バー・車椅子・車椅子用クッシ
　　　　　　　　　　　　　　ョン
　　　　　（購入品）：シャワー用椅子・ポータブルトイレ
　　　②住宅改修：手すり（トイレ・浴室），トイレガード
経過：当事者の退院希望を受けて，「福祉用具研究会」のメンバー（以下，
　　　「研究会」）が介入することになる。会員の理学療法士，訪問看護師，
　　　ケアマネージャー，大工などの専門職連携のもとで，当事者の自宅
　　　を訪問しアセスメント調査を実施した。当日，当事者は福祉車両で
　　　病院から一旦自宅に戻り，「研究会」メンバーとの協働でケアプラ
　　　ンを作成する。
　　　　　つまり，院内生活から在宅生活への移行のなかで，新たな当事者
　　　の困りごとを明らかにするとともに，障害を抱えた生活のなかで新
　　　たな生活設計の提案が必要となるのである。提案は，ベッドから起
　　　き上がり，福祉用具などを活用してトイレ・食堂・浴室に自由に行
　　　き来できるようになること，それが課題であった。
　　　　　浴室に手すりの設置が必要であったが，当初は当事者と妻の双方
　　　が浴室の美観を損なうことで拒否していたが，その後相談を重ねる
　　　なかで，手すりの設置が安全性確保の点で重要だ，と認識されてよ
　　　うやく設置できたのである。
介入後：介護サービスを受けつつ，病院内の生活から自宅での暮らしに戻
　　　り，当事者中心での生活が開始された。自宅での自由な生活を取り
　　　戻し得た喜びとともに，入院前とは異なる身体の不自由さがある。
　　　その不自由さを，福祉用具などの道具や住宅改修のテクノロジーで
　　　補うことで，生活の質は維持できるのである。
　　　　　1か月後の訪問では，廊下やトイレの手すりが冷たいとのことで，
　　　手すりに布が巻かれていて，妻の細やかな心配りとともに新たな生

活づくりが感じられたのである。当事者には退院後から外出の希望が強く，ただし自宅から公道へのアクセスに課題があったものの，その解決は当事者が訪問介護を活用することによって外出が実現している。

3　福祉用具活用の効果

　福祉用具は身体機能の損傷や障害を補うものであり，その意味において，活動を可能とするための道具である。その道具とは，日常活動，移動，あるいは作業などの目的に応じ選択されるはずの手段である。したがって，まずは主体としての当事者の意思や願望が前提とされるのである。

　たとえば，自己の欲求に従いつつその夢を社会的に実現しようとすれば，その過程において社会的な人間関係の形成を促されるはずである。つまり，一人ひとりのウェルビーイングの実現が生活の起点にあるとしても，その実現過程において常に他者とのかかわりが必要不可欠なのである。

　ここでは，福祉用具の活用に焦点を絞りつつ，試行的ながら，その生活機能の補完的な効果をまとめることにした[4]。

　福祉用具を活用するのは，生活の質の維持あるいは向上を目的とするのであるが，福祉用具を活用しさえすればただちに生活の質が向上するわけではない。当事者が少しの時間と強い意欲を持つことで自力での歩行が可能であるのに，たとえば，施設における日課に合わせるためだけに車椅子を利用するとすれば，当事者の身体機能を衰退させるであろう。

　それゆえにこそ，福祉用具は道具であるとの認識が重要なのである。だからこそ，その活用のための当事者参加でのアセスメントがきわめて重要なのである。つまり，どのような住宅の改修とどのような福祉用具の選定が生活の質をどのように改善できるかの，当事者の生活設計が大前提なのである。

　さらに，福祉用具を活用することで当事者の生活環境づくりにかかわるはずである。つまり，当事者をめぐる生活環境の観点からの評価もありうる，と

思うのである。ただし，その評価は客観的な指標ではなく，主観的，あるいは経験的な評価であることは断っておかねばならない。その項目を以下に掲げよう。

　(a)当事者等への影響
　①生活意欲の向上
　②社会関係の維持
　③介護者負担の減少
　(b)生活環境への影響
　①「寝たきり」の予防：起きる・座る・移乗
　②移動への支援：室内・室外・屋外
　③ADLの向上：食事・排泄・入浴

福祉用具活用にあたって重要なことは，その支援の視点は当事者の意向に沿う生活設計に据えられるとともに，さらに当事者の心身症状の変化に沿ってアセスメントしながら，福祉用具を選定することである。その際，留意すべきことは以下の通りである。

　①福祉用具の選択にあたってのコーディネートの難しさとそのコスト負担
　②住環境整備にかかわる専門職への継続的な研修とそのキャリアアップへの支援制度
　③当事者支援への社会的コストの負担と社会参加への当事者支援の強化

福祉用具の適切な活用とバリアフリー基準に沿う住宅改修が，当事者の生活やその生活環境改善に良好な影響を与え，さらに当事者のウェルビーイング向上を支えていることは経験的に検証されていることである。当事者そのものへの支援とは別に，とくに生活環境づくりについては，新たに節を起こして検討したい。

4　社会に参加する

福祉用具の適切なセッティングによって生活機能の大きな向上を実現しう

るが，その過程において当事者の多くは自宅からの外出を希望する。ある女性の当事者はファンデーションなど化粧品の購入を訴えた。また男性の当事者は疾病前に見慣れていた故郷の景観の地を散歩したいと望んだ。私たちは，疾病や何らかの不都合によって自宅での閉じこもりが余儀なくされることがある。だが，それは当事者の本意ではない。一人ひとりにとっての，出かけられる場の設定が必要なのである。

　幼児期の保育所や幼稚園に始まり，小学校・中学校，そして高等学校，その後は職場であり，あるいは進学の道であるにしても，私たちはいつも出かける場を持ち続けようとし，その場を自分自身でつくっている。職場に通う生活のなかでも，自宅と職場の往復だけで生活が完結しているわけではない。河川堤を散歩したり，森のなかの温泉を楽しんだり，美術などの芸術に親しんだり，あるいは灼熱の夏日に一時の涼をデパートに求めたり，というような，居宅から出かけられる公共的な空間の場を必要にしている。経験的にいえるのは，私たちにとって居場所づくりと出かける場づくりは，終生を通じた人間活動の一局面を示すものである。

　当然ながら，心身に障害のある人であっても街はだれもが出かける場であり，そのための自然・社会環境の整備が図られねばならない。障害のある人が街にでかけ，一人ひとりが当事者としての活動を実現できること，つまり，「ノーマリゼーション」理念の実現が，今日の地域社会での差し迫った課題である。その理念を具体化させる支援の法制度が，いわゆる「バリアフリー法」である。そのねらいは，障害のある人が社会参加や社会活動において支障が生じるとすれば，その原因は環境の「バリア」にあり，その「バリア」を取り除くことによって一人ひとりの活動は量と質の両面において改善される，と理解されている。

　さて，わが国でのバリアフリー化の推進に大きな影響を与えたのは，まず1981年に始まり92年に終了する「国連障害者の10年」である。また，アメリカでは画期的で，包括的な障害者差別禁止法，つまり「障害を持つアメリカ人1990年法：ADA法」が施行された。それは，1964年の公民権法，

1973年のリハビリテーション法の制約を越えて，障害者差別を包括的に禁止する意図を持つものである。その意図を受けたADA法には，アメリカは障害のある人について，「機会均等，完全参加，自立生活，経済的自足を保障」(5)すると明記されているのである。

　わが国では1994年（平成6年）に「高齢者，身体障害者等が円滑に利用できる特定建築物の建築の促進に関する法律」（いわゆる「ハートビル法」）が施行された。その後，2002年に「ハートビル法」が改正され，法の対象とする範囲が拡大されるとともに，とくに高齢者や身体障害のある人が多く利用する「特別特定建築物」については，利用円滑化基準に適合することが義務付けられた。また2000年には，公共交通機関や駅などの施設，およびそのアクセス環境に関して，いわゆる「交通バリアフリー法」が施行された。これで公共建築物と公共交通機関に対するバリアフリー化の法制度は，基本的に整備されたことになる。ただし課題は残る。以下の3点について課題を提示したい。

①国の法整備を受けて自治体レベルでの推進体制が期待されたが，都道府県それぞれでの「福祉のまちづくり条例」の施行は全県にわたってはいない。また近年では，「福祉のまちづくり条例」に伴う整備補助事業の財政措置が凍結されているケースが目立つ。住民に身近な自治体のバリアフリー化支援が重要である。

②「バリア」の除去とともに，建築時での「ユニバーサルデザイン」の採用が望まれる。その実現のためには，建築物や道路等における設計段階でのバリアフリー設計が重要であり，その時点以前での当事者の設計参加が必要である。

③聴覚障害のある人に対するバリアフリーへの配慮が欠けている。また，認知症のある人への配慮も必要である。バリアフリー化は大きな投資を伴う可能性があるが，文字による情報伝達の手法とともに，色彩などを活用したバリアフリー化も簡便にして効果的な方法である。

5　小さなテクノロジーを活かす

　脊髄損傷による下肢麻痺や脳血管障害の後遺症による麻痺などにあっては，歩行支援としての車椅子が活用されている。車椅子は 1930 年代に車椅子メーカーがアメリカに誕生したといわれているが，手作りのものはもっと時代をさかのぼる。メーカーによる車椅子の供給は第一次大戦での大量の傷痍軍人のニーズへの対応であった。車椅子は現在では標準型のほかに，リクライニング型，折り畳型，電動型，スポーツ型など，常時 50 種以上の車椅子が提供されている。

　自走型では当事者の上肢の力を必要とするが，その輪を動かすための筋力づくりリハビリテーションが必要とされる。障害者のオリンピックである「パラリンピック」では，車椅子をまことに巧みに使いこなしているが，その事実は，車椅子を道具として活用できれば一人ひとりのウェルビーイング（＝暮らしやすさ）を向上させる可能性を示している。難しいのは，どのような身体状況のもとで，どの種類の車椅子を選択し，どのようにフィッティングするか，さらに当事者がその結果を常にどのように評価し，評価をもとに新たなアセスメントにつなげるか，そうした継続的な生活設計づくりが不可欠とされるのである。アセスメントや評価において重要であるのは，当事者の参加を抜きにした支援は，「生活設計」に値しないことである。生活はだれにとっても自分自身でつくるものであり，福祉用具などの道具を活用した「生活設計」も当事者が作成するものである。技術や専門的なサービスは，当事者自身の作成を支えるものであり，「主役」の座に座ってはいけないのである。

　さて，本章，及び本書においては，車椅子などの支援機器を「福祉用具」と表現し，用語を統一している。その主たる理由は，介護保険制度の導入に伴って，高齢者で身体障害のある人への支援として，「福祉用具」の活用が給付化されたからである。その以前には，福祉機器，医療機器，補装具，あ

るいは補助具，というような用語は，医療分野とリハビリテーション分野を中心に，それぞれの文脈のなかで適宜使用されてきたのである。

本書では，介護保険制度の趣旨たる要介護者支援の文脈のなかで，医学モデルとの対照を意識しつつ，「福祉用具」と使用している。

ここで，「Assistive Technology（＝支援テクノロジー）」という用語について紹介しながら，道具としての福祉用具の意義を補強しておきたい。なぜなら，社会福祉の分野では福祉用具の活用に関する論議は極めて低調であり，介護・福祉職にあってもこの分野の自己研修への意欲は低い，と私には思えるからである。

Assistive Technology（以下，ATと略記）の日本語訳をめぐるなかで，道具の捉え方が論議されている。より端的に言えば，ATは道具そのものなのか，その使いかたをも含むものか，という点である。その理解は英語からの邦訳如何という問題以上に，「支援」の内容理解にかかわる，と私には思える。つまり，結論を先取りすれば，支援とは道具とその活用方法，そして環境整備の総体を言うべきである。その道具の特性ゆえに，そのものがあっても，経験的には，当事者だけでは使い難いからである。

したがって，道具は，当事者の生活機能を補完という目的のためにこそ選択され，その活動に添えるようにフィットされるのである。活動は当事者の全生活領域に及ぶ。その活動を実現するために，ケアマネージャー・看護師・作業療法士・建築士・大工など，個々の専門職をコーディネートし，たとえば住宅改修を支援する。当然ながら，その過程を進行させ，当事者の判断を支える専門職の人材が不可欠となるが，ここにソーシャルワークの専門性が求められる，と私は期待するのである。

1990年に施行された「障害を持つアメリカ人法：ADA」において，従来使用してきた「Rehabilitation Technology: RE」から「AT」へと転換したが，そこには，当事者をテクノロジーの環境づくりで支える，という新しい理念が用意されてきたのである。つまり，ADAにおいてのATとは，用具に限定できないのであり，いわゆる「福祉用具」と「その利用方法や訓練な

どを含む福祉サービス」の両方を含むのである。[7]

　この議論において示唆されたことは，支援とは道具を含む生活環境づくりであること，と同時に一人ひとりの生きる生活環境に焦点を定めるべきだ，と私には思えるのである。そこで，改めて国際的視点においてこの課題を取り上げ，世界に通ずる理念の共有を目指したいと思うのである。

6　ICFの示す理念

　2001年5月22日に第54回世界保健会議（WHO総会）が開催され，そこにおいて「国際生活機能分類：国際障害分類改訂版 International Classification of Functioning, Disability and Health: ICF)」が承認された。いわゆる，ICFと呼ばれているものである。

　このICFは「分類であり，生活機能や障害の「過程」をモデル化するものではない」[8]とはいうものの，それが提供しているのは，「相互作用的で発展的な過程としての，生活機能と障害の分類への多角的アプローチ」[9]なのである。

　ICFは概念の分類であり，それは一人ひとりに関する健康のすべて，およびウェルビーイングのなかでとくに健康に関するものの構成要素を示すものである。やや概念的な言葉の組み立てて羅列しているが，ここではICFそのものの意義を環境づくりの根拠として解釈したい，という私の意図に沿うものである。

　さて，ICFの意義は，と問われると私は「生活機能」の重視と答えたい。ICFの概念では，心身機能・活動・参加が「生活機能」を構成している。さらに，この生活機能は健康状態と背景因子，つまり環境因子と個人因子の間にあって，相互作用の関係にある。

　このICFは障害の定義を目的としているが，生活機能の表と障害の裏が対照されたうえで，生活機能が中心的概念として位置づけられている。

　一人ひとりは日々の生活のなかで不自由を感じたり，あるいは満足を享受している。ウェルビーイングが，障害のある人であっても，障害のない人で

あっても同じ構造での「生活機能・障害」によって定義されていること，その視点が新鮮なのである。さらに，生活機能の内容を活動，つまり日常生活の行動領域を中心に据えたことが重要な意義を有するのである。つまり，障害の有無が日常生活のレベルにおいて，さらに社会参加の地平の上で評価の対象とされたのである。

　ICFにおける理念の基底には，一人ひとりの「身体」が想定している，と私には思える。だからこそ，「身体」を基底とした生活機能が健康・障害に対する評価の中心軸となりえるのである。さらに生活機能の中心に「活動」が据えられている。人間の社会的動物としての特質は活動と言語であり，その活動は身体と参加による，いわば両天秤に支えられる。ICFの構造では，「第1部：生活機能と障害」および「第2部：背景因子」によって構成されている。

　第1部の生活構造（＝生活機能と障害）と第2部の背景因子を対照化した点に興味が惹かれる。さらに背景因子は，「環境因子」と「個人因子」とによって構成されている。背景要因のなかではとくに環境要因が重要な意義を持つ。なぜなら，このICFの理念は先行する1980年のICIDH（国際障害分類）とを明確に区分する指標だからである。ICF理念が，障害者自立の社会運動のなかで形成されたことは，それが不十分な成果であったにしても，その運動の意義は記憶に留めておくべきである。[10]

　ICIDHでは，周知のように，機能障害・能力障害・社会的障害の概念モデルが示され，機能回復の過程に，その基本たる治療・リハビリテーションが置かれた。したがって，その理念では機能の回復は個々人に帰せられ，回復不可能となれば「保護」の対象とされかねなかった。ICFでは，症状の機能回復を後景に押しやり，「参加」を正面に掲げた。機能回復度如何よりも，社会参加こそが社会的動物としての人間の本質だからである。

　1975年から始まり80年代にかけて広い支持を得てきたアメリカでの自立生活センターの設立運動も，ICFに大きな影響を与えたはずである。このセンターの中心的なサービスは，①権利擁護，②ピアカウンセリング，③自

立生活技術訓練，④情報提供，⑤紹介などである。上記のサービス内容を眺めただけでは，とてもその運動の理解には届き難い。この運動のリーダーの一人，M. A. ノゼックの以下の発言が当を得て共感できる。自立生活センターの運動は，権利擁護と相談を基軸にしながら，その自立生活の哲学を「社会が課した期待や制限に適するように個人を変容させるのではなく，個人に適するように環境を変えていくこと」に置くのである。

　こうした社会運動は世界の各地で展開されている。その一つひとつの運動が障害のある人にとっての古い文化を告発し，転換を促し続けている。ICFは，障害のある人たちの当事者運動のなかで，不徹底さを責められながらも，とにもかくにも，国際的な概念として屹立している。ICFの意義は，障害のある人が医療やリハビリテーションの力を借りて，既存の環境に生活を合わせなければならない，という旧文化の規範を転回させたことにある，と私は評価している。

7　一人ひとりへの環境づくり

　ICFは障害のある人のためのものではなく，個々人すべての人のためのものである。だからこそ「ウェルビーイング」の用語が際立つのである。なぜか。ウェルビーイングは訳書では「安寧」とされるが，本章では「幸せないい暮らし」と訳しておきたい。幸せ感は人それぞれ，皆違ってそれでいいのである。だから，ウェルビーイングの概念には一人ひとりの生活が想定されていなければならない。

　ICFがその一人ひとりの活動に焦点を当てたことに，私は注目する。まず，ある言語は舞台から追放され，代わって新しい言語が登場した。この舞台は，国家と市場とに対抗すべき公共性空間における市民社会という舞台である。この公共性や市民社会の用語は，いわば，方法概念であり実態的に調査に耐えうる概念ではない。主な概念で追放されたのは，「Handicap（＝社会的不利）」，「Disability（＝能力障害）」の言語である。登場したのは，

第5章　バリアを低くして社会参加へ　　73

前者に代わって「Participation（＝参加）」であり，後者に代わって「Activity（＝活動）」である。この概念の転換には，言語そのもの意味の転換以上に大きな示唆が込められている，と私には思われる。以下に，3点に分けて私見を提示しておきたい。

①言語と意識

戦後「収容」という言語が随分長い間使用されてきたが，それは直接には刑務所を想起させるが，そうではなく，実は老人ホームにおける施設措置の内実を示していた。またそれは，保護および隔離という処遇の内容を含んでいたのである。言語は現実のある実態を示す記号なのであるから，言語の視点から見ると，当然，ある現実の現状を写す鏡である。

では言語を「収容」から「入所」へと転換することはどのような意義を持つのか。

もちろん，「収容」には強制が伴うが，「入所」は当事者の意思が尊重されるはずだ，と推察される。それは言語自体の意味を比較することで了解できる内容である。もう一つの論点は個々人の意識との関係である。この意義はきわめて重大である。「収容」は行政権限による強制居住を意味するが，それはその「収容」という言語を介して施設の閉鎖的・隔離的内容が住民の意識に刻印される。また，「収容」という言語の特性によって人は施設の在りようを想定するのである。だが，その言語の退場だけによって，施設の「収容」という内情を変化させるわけではない。それでも，その新しい言語は現実の転換を促す可能性を秘めているのである。

②公と私

ICFは活動を二つに区分して，一つを「生活機能」，いま一つを「参加」と命名した。そして，前者を個人的活動，後者を社会的活動と特徴づけた。以下に，その分類の意義を私なりに解釈してみたい。

人間としての日常的活動が二つの対極的なものとして示されている。一方

では，活動が日常的な生活維持にかかわることであり，他方では他人との人間関係を孕む社会的活動である。そして，「社会的」なことに関しては以下のような説明がある。

具体的に言えば，社会的なこと，とは「就労環境，地域活動，政府機関，コミュニケーションと交通サービスなど」である。それらの両極的な人間的な活動を，それぞれ「私的」および「公的」と名づけることはできる。私はまずその両極の区分に注目するのである。もちろん，ウェルビーイングは一人ひとりが基本という概念構成であり，ICFはその一人ひとりにとっての分類である。一人ひとりが「ヒト」から「人間」へと成長する，その成長は，家族という私的空間と学校や職場などの公的空間との行き来のなかにその根源がある。それが人にとっての「ノーマル」なのである。またそれは，年齢を超え，性別を越え，障害のあるなしにかかわらず，すべての人間に通底する経験的な真実である。

だから，私的空間としての「居場所」づくりが，と同時に公的空間としての「出かける場」づくりが重要なのである。その意味では，福祉用具や住宅改修は，「支援テクノロジー」としての道具として，積極的に活用されるべきなのである。

8　人間とは，と問う

もう一度，本章の冒頭で取り上げた「障害のある人の国連権利条約」に戻ってみたい。その第一条（目的）を引用しよう。

> この条約は，すべての障害者によるあらゆる人権及び基本的自由の完全かつ平等な享有を促進し，保護し，及び確保すること並びに障害者の固有の尊厳の尊重を促進することを目的とする。

本章では，具体的な社会・生活環境づくりとしてのICFの意義を確認し，

個々人についての福祉用具の供給や住宅改修については，その効果的な意義を立証する事例について紹介した。その実践は多様な個々人に向けた自立生活への助長である。だが，そうした具体的な実践だけでは超えられない課題がある。その認識も重要である。

　それは上記の，「すべての障害のある人によるあらゆる人権及び基本的自由かつ平等な享有」，という表現につきる。その表現での主語は，「人」あるいは「人間」である。ここに重大な意義がある，と私は思う。なぜか。そこに新たな市民社会の形成に向けた歴史認識を発見するからである。たとえば，日本国憲法での条文の主語を想起されたい。その「前文」冒頭の章句を掲げる。

　　　日本国民は，正当に選挙された国会における代表者を通じて行動し，われらとわれらの子孫のために，諸国民との協和による成果と，わが国全土にわたって自由のもたらす恵沢を確保し，政府の行為によって再び戦争の惨禍が起こることのないやうにすることを決意し，ここに主権が国民に存することを宣言し，この憲法を確定する。[15]

　「人は」とよぶか，「国民は」とよぶか，その相違はどのような帰結を引き出すであろうか。とても大きな問題であるが，そうは言っても無視してすむ問題ではない。とりあえず，その始原としての，1789年のフランス革命，その「人間および市民の宣言」が思い起こされる。

　そこに，「人は」という宣言での普遍的，そして未来志向的意義が汲み取れるのである。その「人間および市民の宣言」の第一条は以下のようなものである。

　　　人は，自由，かつ，権利において平等なものとして生まれ，生存する。社会的差別は，共同の利益に基づくものでなければ，設けられない。[16]

18世紀に,「人は」と掲げたフランス人権宣言は何と魅力的なのだろうか。その「宣言」は,その後はフランスの憲法改正における指針であり,「障害のある人の国連権利条約」の鑑でもあり続けた。では改めて問う。「人は」,というその抽象的にして普遍的な表現は,他方での具体的な「国民」という表現に対して,どのような違い示し得るのであろうか。

　主語としての「人は」という表現は,個々人を前提にしながら,個々人を貫通している。つまり,個々人,一人ひとりの生活が尊重されながら,その個々人の「自然＝nature」としての共通性としての「人間」,そこに根源がある。したがって,人は個々に多様でありながら,「本性＝nature」において近接している。だから,「人は」という表現は他者へと自己を横へとつなぐ契機なのだ,と思うのである。

　具体的な活動や実践のなかで,抽象的であるが,あるいはそれゆえに,「人は」あるいは,「人間は」という問い続けることは極めて重要である。なぜか。平等への地平を拓くからである。それは,「人は」と問いつつ,他者への添いの実践を照らす鑑だからである。

第6章　精神障害のある人を地域で支える

　　　　智恵子は見えないものを見，聞こえないものを聞く。
　　　　智恵子は行けないところへ行き，出来ないことを為る。
　　　　智恵子は現身のわたしを見ず，わたしのうしろのわたしに焦
　　　　がれる。
　　　　智恵子はくるしみの重さを今はすてて，限りない荒漠の意識
　　　　圏にさまよひ出た。わたしをよぶ声をしきりにきくが，智恵
　　　　子はもう人間界の切符を持たない。(1)

　上記の詩は高村光太郎のもので，智恵子は夫人である。若き智恵子は当時の女性運動をリードしていた雑誌『青踏』にも参加する行動的な女性であった。だが，智恵子の資産家であった実家で父の死や不遇などが続き，智恵子は光太郎不在のときに睡眠薬の自死を図る。
　一命は取り留めたものの，その後智恵子は「幻覚を見ている間は楽しげに興奮し，その後の疲労はひどいものらしく，よく眠っていたが，夢にも幻覚が現れるのか，彼女は流れ漂う色彩について寝言を口ばしっていた」(2)。
　智恵子は病を得た。精神病学の医師は光太郎に「困りましたな，やはり精神分裂症のようです」と答える。そして，「簡単な比喩でいえばまずコンダクタアを失ったオーケストラか，綴じ目の壊れた書物みたいなとでも申しますか，精神は個々に働いてけっして活動していないではありませんが，統一を失っているわけです」。そして，症状についてこのように付け足した。「最後にはよく結核の併発を見るものでご注意を」(3)，と念を押したのであった。
　光太郎は，老父で著名な彫刻家光雲に気使いして，智恵子を母妹の住まう

九十九里浜の自然の地に預けた。光太郎は1週間に1回は見舞う，という智恵子との約束を律儀なまでに守り通した。智恵子は浜で千鳥を追い遊び，光太郎の訪問を待つ日々であった。不幸は重なるものである。父光雲は胃潰瘍で病院に入院していたが，光太郎が智恵子を訪ねているその日に永眠し，光太郎は看取れなかった自責の念で，「これで親不孝も完成した」と慙愧したのである。

　父の死で光太郎は智恵子と別れて暮らす理由はなくなった。智恵子を東京の工房に帰したものの，光太郎の仕事での外出に伴い，智恵子には一人の時が多くなった。また，自然豊かな地から人工都市東京へと移住したこともあって，智恵子の「病勢はまるで機関車のやうに驀進してきた」[4]。光太郎は悩みたじろぐ。私は，「僕の前に道はない，僕の跡に道ができる」と詠う光太郎よりも，智恵子との生活に振り回されるこの光太郎に惹かれる。

　工房での生活をあきらめ，光太郎は智恵子を精神病院に入院させることにした。光太郎の心労にもかかわらず，智恵子は院内生活のなかで光太郎の持ち込んだ折り紙細工に没頭し，その才能を開花させた。光太郎はその才能に魅せられて，精神の統一を失いながらもこの美的洗練のすばらしさ，と称えるのであった。

　だが病院での智恵子の生活も長くは続かなかった。精神病院からの電報で駆けつけたが，肺結核を発症させた智恵子は光太郎の差し出すレモンの汁を貪るようにかみしめ，レモンの香りに包まれて最期となった。昭和13年（1938年）10月5日，智恵子は折り紙の作品，千数百個を光太郎に遺して53歳にて生涯を閉じた。

1　制度としての精神病院

　少し引用が長くなった。智恵子の生活を追いつつ戦前期での精神障害のある人の生活情景を描こうとした。智恵子は精神分裂病，今日で言う統合失調症に罹り居宅から実母の実家へ，そして光太郎との生活に戻ってまもなく精

神病院へと入院，そこが終の住処(ついすみか)となった。終には光太郎との居宅での生活に戻ることはなかった。入院は智恵子の混乱した行動にあったが，その精神病院は当時としては非常に恵まれた処遇であり，親戚の看護師がいたこともあって，智恵子は自由に振る舞うことができた。

　さて今日，精神障害のある人にとって，精神病院から地域での生活に「移行」することが課題である。在宅か病院かという選択は，当事者および家族の生活の質如何にかかっている。ところが，智恵子の時代では病院が好ましいが，医療保険のない時代のこと，医療費の負担が大きい。病床数が少なかったこともあるが，多数の人が，むしろ居宅での非人間的な生活を強いられていたのであった。その時代的背景の転回には関心を持ち続けていたい。

　もう少し時代を遡って，当時の生活状況を丁寧に調べておこう。在宅生活を当時では，「私的監置」と表現していた。さらにその実態を明らかにするために，内務省衛生局によって調査が実施された。その調査結果が1918年の「精神病者私宅監置ノ実況及ビ其統計的観察」なのだが，その調査の過程で精神障害のある人の実数が把握された。4万4226人（1916年），4万8460人（1917年），4万9427人（1918年），智恵子の亡くなる20年前である。この数値は警察の調査によるものだが，実数はその数倍に及ぶことが推察できよう。

　ここで時代を区分しようとしているが，区分にはとても大きな意味がある。たとえば，近代資本主義を問う，というテーマに向き合うとまずは時期区分が話題になる。いつからいつまでか，その区切る出来事なり事件が重要な指標となる。だから，区切るのはその時代の本質を問うことを意味する。そこでまず，現在までを大きく四つの時期に分けよう。

　このⅠ期は「精神病院法」に基づいて精神病院の設立が始まり，第二次大戦後の「精神衛生法」施行までの期間とする。「精神病院」の建設，なぜ，何のための施設なのか。一般病院での精神科病棟ではなぜ不都合なのか。その問いを秘めつつ歴史を遡る。第Ⅱ期以降では，当事者やその家族の社会運動を基本として，法制度の整備が検証される。この1950年から1965年の全

国障害者家族会連合会の結成以前までとし，次いで1993年の「全国精神障害者団体連合会」（全精連）までをIII期，それ以降の現在までをIV期とする。

　　第I期（1875年〜1950年）：
　維新後の明治8年（1875年）の「行政警察規則」によると，その第18条に，「路上狂癲人アレバ穏ニ之ヲ介抱シ其暴動スル者ハ取押ヘ其地ノ戸長ニ引渡スベシ」と言う。次いで，1878年に警視庁による布告が出される。「瘋癲人を私宅に鎖錮する際には所轄警察分署へ願い出て許可を受けよ」，というわけである。なお，この「癲」は833年『令義解』に見える「癲狂」の古語に由来する，という。さらにもう一つ念を押すように，1900年に「精神病者監護法」が制定された。この法の第1条には，「精神病者ハ其ノ後見人配偶者四親等内ノ親族又ハ戸主二於テ之ヲ監護スルノ義務ヲ負フ」とする。すでにお気づきのように，「精神病者」は，警察の管理下のもとで，「私宅」にて「鎖錮」せよ，というものである。

　その「私的監置」がいかなる状況に置かれていたかは，すでに述べた通りである。ここで重要なことは，精神障害のある人は「監護」「監視」の対象だ，という点である。この考えかたは精神障害のある人を「もの」扱いすることだ，と私は思う。では「もの」とはどういう事態なのか。まず当事者の意を汲む，という意図がない。当事者を人の目から隠すという，人が操作の対象とされる。この20世紀初頭，精神障害のある人に対する処遇の基本方針が「私的監置」から「精神病院」への収容へと転換される。監護は不変，されどその生活の場は在宅から病院へと移される。

　さて，精神障害者のある人にとっては，生活の質は在宅か病院のいずれが優れているのか。この問いは，精神障害のある人に限らず，あるいは明治期であれ現代であれ，きわめて重要な問題である。この問いにどのように答えるかで，精神病院への評価は異なる。そうはいっても，精神病院の設置運動は当時としては必要性に迫られた社会運動であった。その運動の中心にいたのが，呉秀三（1865－1932）である。呉は，1897年から1901年までをオー

第6章　精神障害のある人を地域で支える　　81

ストリア・ドイツに留学し，帰国後に東京府立巣鴨病院長に就任，1919年には東京府立松沢病院長に就任した。彼は精神病院の建設を推奨しつつ，欧州において学んだ開放的な精神病院経営に賛同し，当時の精神病院で常態化していた身体拘束などの禁止に向けて取り組み，その啓発活動を続けた。呉の姿勢は当時としては世界的にも先駆的な試みであったのだが，明治国家にはそれを支援するどころか許容する状況さえなかった。

このⅠ期は，「精神病院法」に基づいて精神病院の設立が始まり，第二次大戦後の「精神衛生法」施行までを範囲とする。それでも，精神病院が国策として開設されるとはいっても，世は「富国強兵」「殖産興業」花盛りである。精神障害の人が在宅で生活することは一般的な時勢であった。その世情のなかで，呉が精神病院の設置を説いたのは，「私的監置」があまりに非人道的で，その残酷さへの耐え難さゆえであった。1919年に，呉が樫田五郎と共著で『精神病者私的監置の実況』を公刊した。それによれば，「約14万人の精神病患者の大多数が，自宅で監置されているが，監置されていないにしても医療を加えずに放置されていた[8]」という。それに先立つ1917年には，内務省保健衛生調査会の第五部精神病部会が，全国精神病患者の一斉調査を実施していた。この実態調査結果や呉秀三の提案などを受けて，「精神病院法」が1919年に帝国議会で可決成立する。

その制定理由を「精神病院法」は以下のように記す。「精神病者ノ治療保護ハ勿論公安上不備尠(すく)ナカラサル所ニシテ畢境(ひっきょう)之カ収容の場ヲ私人ノ経営ニ委シテ顧ミサル結果ニシテ適当ノ処置ト云フベカラズ[9]」と，する。ここでは，①「治療保護」とともに②「公安上」の目的が明示されていることに注目したい。疑う余地のない表現で表わされているように，制定者は精神障害のある人を犯罪予備軍として，「公安」の対象としたのである。その思考様式はきわめて重大であり，その余韻は今日に及んでいる。在宅で危なければ，病院で隔離・監置する。治療だけであれば医療で間に合う。入院を前提とする病院は無用ではないか。なぜ病院を必要としたのだろうか。この19世紀中頃から20世紀始めに至る時期，国際社会は労働者福祉に向けた大きな転

換期にあった。その一端を紹介しておこう。

　1917年に十月革命でソヴィエト同盟の成立，初の社会主義国家の成立，そして翌18年にはソ連に社会保障制度が導入された。西欧では1884年にはドイツで初めての社会保険制度である疾病保険が設けられ，社会保険制度を基盤とする社会保障制度の創設に動きだしていた。イギリスでは，1908年無拠出老齢年金法，炭坑夫8時間労働法，1911年には健康保険と失業保険から構成される国民保険法が制定されていた。国内でも1912年（大正元年）に相愛扶助などを掲げる「友愛会」が成立，やがて会員を拡大しつつ，1922年には「日本労働総同盟」と改称される。

　こうした労働運動や社会運動の高揚のなかで社会保険制度が導入され，社会的連帯が鼓舞された時代であった。呉はヨーロッパにおける社会運動のなかで，医療機関と医療保険制度の整備との連動が念頭にあったであろう。医療保険制度がなければ，病院を建設しても利用者は富裕層に限られるからである。その展望を描くどころか，精神障害のある人は犯罪者予備軍として，「公安」目的での精神病院という施設内での「治療保護」に委ねる，という政策が優先していた。しかもこの時期の社会運動にあってさえも，精神障害のある人に関わる人権擁護への視界は開けていない。他国はともかく，明治国家の現実に向き合わねばならない。

　「精神病院？」そう問われてもその特性について返答できる人は，入院経験者かその家族，あるいは病院職員か，そんなところであろう。では，精神科病棟はどんなところなのか。たとえば，鍵の掛けられている閉鎖病棟があること，その病棟には外の見える窓がないこと，外部者との面接は面接室で，入院では持ち物はすべて規制の対象とされる。精神障害のある人が精神病院での耐え難い生活を訴えとしても，心情としての理解に留まり共感は難しい。その一因は，精神病院に関しての共有する情報の不足ゆえにあるだろう。精神病院の歴史を辿ってみることの意義は，多くの人にその特性を認識してもらうことにある。

　1875年（明治8年）に京都癲狂院が，次いで1778年には東京に私立加

藤瘋癲(ふうてん)病院が創設された。さらに，1879 年に東京癲狂院が設置された。この時は，養育院の一画を精神病棟として区画し，ここに精神病患者を収容したようである。当時は全室が監置室で患者の手や足は鎖でつながれていたという(10)。この状況は，第二次世界大戦後の「精神衛生法」が施行された 1950 年頃までは続いていたという。

第 II 期（1951 年～1965 年）：

戦後の日本は GHQ（＝連合国最高司令官総司令部）の統治下にあったが，その時期に日本国憲法などの基本となる法律が制定された。社会保障関連法を年代別に挙げてみると，旧生活保護法（1946 年），労働者災害保険法（1947 年），労働基準法（1947 年），失業保険法（1947 年），心身障害者福祉法（1949 年），精神薄弱者福祉法（1960 年）である。

注目したいのは，心身障害者福祉法と区別されて「精神衛生法」が 1950 年に施行されたことである。それに伴い既成の「精神病者監護法」と「精神病院法」が廃棄された。精神衛生法の主たる内容は，①私宅監護制度の廃止，②都道府県に精神科病院の設置義務化，③精神障害のある人で自傷他害の恐れのある場合には，措置入院制度が可能とされた。

この法律によって，「精神病患者」を「私宅」から公的「精神病院」へ，名目としては治療と管理のために移行させるのである。また，当事者たる精神障害のある人の同意なしに強制入院を可とする「措置入院」制度を導入している。精神障害のある人は，身体や知的な障害のある人とともに一緒にされずに，その関連法は別立てにされた。障害のなかでも精神障害を別立てにすることが，精神障害のある人の孤立を深め，差別を助長することになる。どうして「精神障害」が特別視されるのだろうか。それは偏見なのだが，上記の法で明示されたように，精神障害のある人には治療と隔離が必要であり，必要に応じて精神病院への入院を強いられるから，というのである。そして残念ながら，現在でもその偏見は根強い。

国外では精神障害のある人への地域ケアの動きもみられたが，精神病院依

存の国策はそうした国外の新しい動向を切り捨て，精神障害のある人の孤立化を助長し，偏見や差別観を強めることになった。精神障害のある人が他の障害のある人とともに法制上で統合されるのは「障害者基本法」（1993年）だから，それまでの半世紀余りを待たされることになる。

　この時期を特徴づける，もう一つの注目すべき重要な政策がある。それは「精神病院建設ブーム」を仕掛けた政策誘導である。1954年の第六次精神衛生法改正がそれだが，非営利形態，あるいは医療法人形態であれば，精神病院や精神病棟の設置と運営にあたってその経費に関わる二分の一について，国庫からつまり税で補助しましょう，というのだ。さらにその後，この国庫補助の財源は医療金融公庫に移されて引き継がれたのだ。それが精神科病院の設置などの「建設ブーム」を支える財源となった。図6-1を見ると，日本での病床数の異常さがわかるだろう。

　1954年に実施された「全国精神障害者実態調査」の結果によれば，精神障害者の全国推定は130万人で「入院措置」を必要とする精神障害のある人は34万人とされた。1950年時点での精神科病床は約3万床であったので，確かに「病床は不足している」，との見方はある。都道府県などの公立の運営形態の選択肢があった。とても重要な投資の分岐点であった。その議論についての検証はできないが，個人病院を核とする医療法人の規模拡大とシェアの拡張は，病院を利潤追求是認へと誘導する結果となった。西欧においては，自治体や教会系の非営利形態での病院が基本であることを念頭に置けば，その選択を残念に思うのは，それ以降日本の医療における病院と開業医との利益配分競争へと舵をとったことだろう。わかりやすく言えば，いつでも往診に駆けつける町医者を医療から淘汰し，私的な病院が医療現場を，さらに後には介護をも視野に収める力を得たことである。

第Ⅲ期（1965年～1993年）：
　1964年にライシャワー駐日大使が精神障害のある人に襲われる事件が発生した。この事件の処理を巡って，政府は精神障害のある人を診察した医師

図 6-1　人口1000対精神病床数

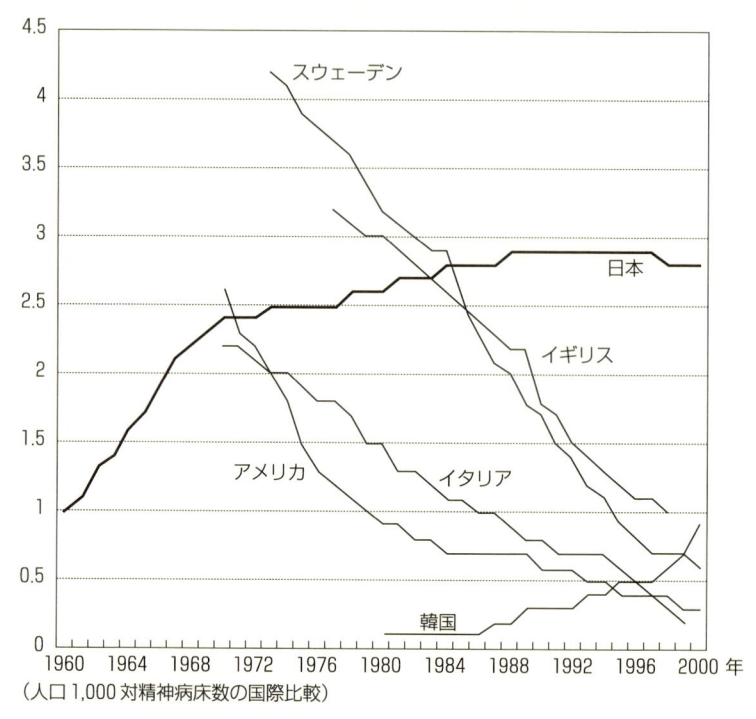

(出所)　精神保健福祉白書編集委員会編『精神保健福祉白書』中央法規出版, 2008年, 136頁。

に，警察への届けを義務づけようとした。その扱いに関して強い反対運動が展開された。その一つが，全国精神障害者家族会連合会（略称：全家連）による社会運動であった。全家連はこの運動を契機として結成されたのだが，まずその活動に注目したい。つまり，「脱病院」運動へのイニシアティブが期待された時期であったからだ。

　1965年に精神衛生法の一部改正が施行された。意義ある改正点は，保健所が地域での精神衛生行政の第一線機関として位置づけられたこと，技術指導的な機能を有する精神衛生センターの設置が決められたことである。この改正のなかで，保健所に新たな専門職としての「精神衛生相談員」が配置さ

れた。この専門職の課題は，いずれ「精神保健福祉士」の国家資格化運動へと展開される。

　だが，精神病院の設立への政策誘導は止まらない。1987年の「精神保健法」成立に至るまでの22年間に，何と，精神科病床が17万床から34万5000床へと倍増した。精神病院は閉鎖的で内部情報が不足していた。精神病院の建設ラッシュが進行するなかで，1969年の，いわゆる「Y問題」によって精神障害のある人の人権問題が再認識され，1970年には大熊一夫による『ルポ・精神病院』が入所者への虐待の現状を告発した。

　「Y問題」とは，精神医学科ソーシャルワーカー（＝日本PSW協会）および精神科ソーシャルワーカー（＝PSW）に極めて深刻な反省を与えた事件である。それはPSWのあり方，つまり当事者にとってのPSWの存在意義を問う，その意味においてまた広くソーシャルワークにかかわる重大な課題の提議であった。

　ごく手短に紹介しよう。1969年のことである。大学受験を控えていたY氏は統合失調症として，当事者の同意なしに精神病院に強制的に入院させられた，という事件である。Y氏の父母が相談したのが保健所と精神衛生センターであったが，その相談員が告発された。

　「私は，あなたたち（＝PSW）によって不当にも，無理やり精神病院に入院させられた」，とPSWが直接にY氏に指弾されたのである。それは，1973年の第9回日本PSW協会全国大会・総会の場においてであった。その後，1987年には「精神保健法」が制定されるが，その法改正にあたっては，国際世論によって「強制入院」制度が槍玉にあがった。また，「精神衛生法」での「合意」による入院とは，家族と医師の「合意」であって，当事者の合意を必要としていない。

　1984年，次いで宇都宮病院において男性看護者による患者の殺害が行なわれた。国連人権差別小委員会がこの「精神障害者差別」を問題とした。精神保健法はこうして初めて法律内に「福祉」の文言を記載し，精神障害のある人の人権擁護と社会復帰の促進を二つの柱としたのである。この80年代

において，全家連が小規模作業所づくりの地域活動を展開しながら，精神障害のある人へ支援法制定の社会運動を展開していた。1993年に「障害者基本法」が制定され，「身体障害，知的障害又は精神障害」のある人への権利擁護と社会的支援が保障されたのである。こうして，障害者基本法の制定において初めて，三障害が一つの法律としてまとめられたのであった。

第Ⅳ期（1993年～現在）：
　この時期は，精神障害のある人，その当事者による社会運動が開始された時である。1993年に，「全国精神障害者団体連合会」（＝全精連）が結成された。上述の「障害者基本法」が1993年，その後矢継ぎ早に法制度が整備される。1994年の「地域保健法」，1995年「精神保健及び精神障害者福祉に関する法律」（以下，精神保健福祉法），1997年「精神保健福祉士法」，さらに2004年9月に「精神保健医療福祉の改革ビジョン」が策定され，「入院医療中心から地域生活中心へ」が基本方針として採択された。要はその実現手法でありその推進組織の如何である。
　一言注釈が必要である。精神保健福祉法のなかに，「精神医療審査会」が置かれている。入院や処遇の適否を評価・審査する組織として位置づけられている。もともとは，「精神保健法」制定のいきさつのなかで導入されたものである。その経緯については，重要な意義があるのでかいつまんで説明をしたい。
　この文脈は「人権B規約」，つまり「市民的及び政治的権利に関する国際的規約」との整合性にかかわる課題である。当時，精神障害者の精神病院への入院に関しては当事者の同意は必要とされなかった。その点はすでに述べた。だが，事実上の「強制入院」を踏襲するとすれば，「人権B規約」に抵触する。その「規約」では「強制入院」には裁判所の許可が必要としている。そこで当時の官庁が，「裁判所（court）」にかえて第三者機関の「精神医療審査会」を設けた，それがいきさつである。
　2004年9月，厚生労働大臣を本部長とする「精神保健医療福祉の改革ビ

ジョン」がとりまとめられた。「入院医療中心から地域生活中心へ」という，基本目標が策定されたことで政策の方向を定めたものの，実現のための工程表の作成や実現にいたる予算措置が伴わなければ地域の現場は動けない。地域での生活を始めたいと望んでも，家族の世話だけでは実行できない。その実現には，居宅で生活しようとする精神障害のある人に対して，地域での支援やケアおよび医療の「三極体制」が保障されねばならないからである。

　つまり，精神保健福祉センター，市区町村，そして保健所，一人ひとりへのその緊急時での連携である。病院から地域へ，という絵柄は作成されたものの，これは構想で終わりそうである。この構想を「良し」として，その実現を奔走する地域の人材がいないからである。私の知る限りではあるが，地域において支えるための積極的な動きがない以上，「地域移行」に関する課題については前進しない，

2　地域で支える実践事例

　わが国では，精神障害のある人を精神病院に入院させて治療と監護を施す，それを当然とする国民的常識が定着している。そのあいだに，欧米の先進工業諸国は精神障害のある人を「病院から地域」へと移行する実践が進められてきた。その構想を理解し導入できなかった最大の理由は何であるのか。戦後期における経済の先進性と人権・政治の後進性，この跛行性，これを刻印しているのは何なのか。まずは世界的視野への狭窄であり，「人権」を自分のことと認識することへの困難さであり，あるいは一人ひとりの生命，それぞれの生きていくことへ尊重，その当たり前のはずである私たちの認識の弱さにある，と私は思う。

　第二次大戦後においても，わが国の政策当局は欧米における，精神障害のある人が地域で生活しうる優れたモデルの情報を収集しえたはずである。だがその情報を伏せ旧態依然たる環境を堅持してきた。その理由を経済中心という国是への信奉とするには，その政策的根拠は薄い。なぜなら，少なくと

も欧州諸国においては,「人権」と「経済」とは両立できる政策領域だからであり,その実績が示されているからである。いずれにしろ,基本的にして重大な課題は,地域での生活の保障である。その実践を国外・国内の代表的事例を紹介しながら,精神障害のある人への支援の課題を検出したい。

そこでまず,アメリカ,ついでイタリアのトリエステ県の社会運動をとりあげ,さらに北海道での「浦河べてるの家」の実践のなかから,地域での生活づくりの智恵を得たいと思う。

(1) アメリカの権利擁護運動

精神障害のある人にとっては,精神病院中心の治療と隔離・管理は,人権侵害そのものの歴史である。その意味で特筆すべきことは,アメリカにおいて,1986年(昭和61年)の「精神病をもつ個人のための保護と権利擁護法(Protection and Advocacy for Individuals with Mental Illness Act)が制定されるが,連邦政府がこの法を根拠法として,各州に対して「保護と権利擁護」のための機関を設置させたことである。この法の制定に至るまでの「精神病院中心主義」への反省とその是正が私たちには参照に値する。カリフォルニア州の事例をもとに,その活動が展開された。[14]

カリフォルニア州での当該機関は,PAI(=Protection and Advocacy Incorporated)であり,主たる活動は精神障害者に対する「虐待」などの調査とアドボカシー,つまり権利擁護の活動である。[15]

(2) トリエステでの精神病院解体運動

1978年にイタリアのフリウリ・ヴェネツィア・ジュリア州,そこで,州法180号が公布された。いわゆる,「バザリア法」である。この「バザリア」とは,精神科医フランコ・バザリア(1924 - 1980)のこと,彼はこの州の州都にあるトリエステ精神病院に赴任し,当事者主義を基本とした病院改革を進めつつ,最終的には精神病院の廃止に向けた社会運動を展開した。かの州法108号は「精神病院への入院を停止」したものである。つまり,精神科診

療はあっても，入院すべき病院が廃止されたのである。治療があっても入院は必要ない，という社会的な合意は，精神科医療の新たな役割への転換を推進するための，きわめて重大な意義を有するものである。

　まずは，「精神病院は廃止されるべき」，という方向性が生まれてきた，その理由あるいは基点とも言うべき社会的背景について，当事者の医師バザリアの発言を収集しつつ再構成し，その真意に迫ってみたい。現風景はわが国も同じであり，その現状の姿をどのように評価するか，その一点にかかっていると思うのである。

　　監禁の壁の内側に入れられた瞬間から，病人は新たな心理的虚無の次元に踏み込むことになる。すなわち，本来精神病院は患者の攻撃性をなくし，治療するために誕生した場，その実逆に患者の個性を完全になくすために作られた場，全体が没個性化した空間を設定する場になってしまう。(16)

　バザリアは，「この場」を徹底的に批判的な観点から検証する。

　　……狂人は危険だから，精神病院に閉じ込めておくべきだというイデオロギーが優勢を占めていました。そのようなことはないのだと説得することから，仕事は始まったのです。(17)

　1980年4月，県はトリエステの精神病院が「その機能を停止し，廃止される」という決定を宣言した。その年の8月，バザリアはその責務を果たし終えたかのように死去した。(18) 精神科医師バザリアが精神病院に見出した問題性は次の三つである。①院内での患者処遇，②精神科医療のありかた，③地域のなかでの生活，これである。生活の継続においてとくに重要であるのは，家族から「独立」した生活である。この背景には，イタリアはヨーロッパでも格段に強固な家族扶養の伝統があるからである。つまり，家族が精神障害

のある家族を受け入れなければ，その人には終生，病院での生活が強いられる。

バザリアが最初に手がけたのは，人間関係の変革であった。精神障害のある人が地域で生活できること，精神病院の解体はその戦略なのだが，人間関係の変革が起点とされたのは面白い。なぜ施設建設や給付増額でなくて人間関係なのか。病院では医師が垂直型組織の頂上に座り，看護師がその下に，さらに他の職種のスタッフが従い，最下位に患者がいる。精神障害の人がこの最下位の役割を演じ続ける以上は，そこに患者の個人的自由や成長はない。

問題性の共有が必要である。患者と医師，看護師などのスタッフが生活上の意見や不満を語り合うミーティングが，バザリアの指揮のもと毎日頻繁に開かれた。バザリアは自身を「先生」と呼ばせなかった，という。患者は「ウテンテ」（＝利用者）と表現され，治療の必要が無いのに退院できない，いわゆる「社会的入院」の人は，「オスピテ」（＝客）と呼ばれた。こうして，言葉，新しい命名から人間関係の平準化や会話が始まった。病院を象徴する医師中心の，いわゆる垂直的支配関係の解体が推進しようというのである。

1975年初頭，入院患者800人，そのうち90人が強制入院患者，150人が任意入院患者，460人が「オスピテ」であった。1981年に，精神保健センターが開設された。2003年に強制医療を受けたのは28人と減少した。その間，1971年の職員524人が2004年に242人，ベッド数は1971年の1160床から122床へと激減した。[19]

もう一つ興味深い点は，社会協同組合の組織化であり，その機能を活用する生活・就労支援の，いわゆる地域支援ネットワークの形成である。1998年に「社会協同組合法」（法律381号）が制定された。これは，「社会的に不利な立場の人々」が働くための初めての生協づくりとなった[20]。実は，この法律が制定されるのに先立ってすでに，精神障害のある人への支援活動が開始されていた。当時院内では，「作業療法」名目の床掃除・皿洗いなどにタバコ何本の報酬，というような「搾取」が続いていた。そこで，院内に患者と看護スタッフが会員となる「社会協同組合」が組織された。1973年のこと

だ。バザリアは，仕事に見合う報酬が支払われるべきだと主張したのである。

「社会協同組合に関する規程」（法律381号）によれば，組合はA型とB型に区別され以下のように定義されるが，いわゆる，「民間非営利」の組織である。

「社会協同組合は，(a)社会・保健サービスおよび教育サービスの運営 (b)不利な状況におかれた人々の労働参入を目的とする活動を通じて，人間の地位の向上に対する社会全体の利益と，市民の社会連携を追及することを目的としている」[21]。社会協同組合はA型とB型の二種類に区別される。A型は，社会保健サービスおよび訓練サービスの運営，したがって就労の準備にあたる。B型は社会的弱者に仕事を提供する組合である。

（3） 浦河べてるの家での「当事者研究」

浦河（うらかわ）は北海道，札幌から東へえりもに向かって，車で約3時間のところに位置する。この地に「社会福祉法人べてるの家」がある。

> 私は林園子，高校生の時に「幻聴」を聞いた。他者には「空耳」であった。それから，大学時代，17年間「幻聴」に悩まされてきた。「電話をかけて」という言葉の令に従い，何度も何度も電話をかけて，周囲のひんしゅくを買い自己嫌悪に悩んだ。
> 　精神科での1日3回にも及ぶ注射への依存，浦河にきたのはそんな時です。[22]

林はべてるの仲間と一緒に幻聴さんとのつきあいかたの「研究」を始めた。林は幻聴を「くどうくどき君」と名づけた。医師は突き放せ，といったが逆効果。べてるの家では，仲間の提案を受け入れて，幻聴さんに丁寧に礼儀正しく，お願いして断るようにした。最後に必ず，「お願いします」というのがコツという。

その格闘の模様を聞いていると，まるで劇場舞台での一人芝居にも思えて

くる。思考とは，ギリシア哲学では「内なる対話」であるが，その対話のなかに本来劇的なものも含まれているのかもしれない。突然進入してきた幻聴を，内に呼び込んで対話者に祭りあげることが，奇妙かつ斬新である。

林は，人に同じことを何度も言った後に，「そのときのその人がどう思った」が気になるという。「電話をしたら？」という幻聴さんのささやきに，応じていけない。どうするか。そこで，「くどうくどき君」役を仲間に頼んで，「もう一回電話してみたら？ きっとまだ起きているよ！」，そして林「今日はもう遅いから電話するのはやめて，あした作業所へ行って聞いたほうがいいと思うよ」。

まだ見ぬ他者，その第三者の出現は「幻聴さん」であるが，彼はまことに理不尽にも強引かつ無節操である。うまく付き合うこと，つまり「実際の人と話すように穏やかに諭す練習を続けている」(23)。林は，この「研究と実行」を継続するうちに，服薬は3分の1に減り，注射も不要，一日20リットルの飲水も大幅に減った。

調子が悪いと注射を打ち，薬を一日に何十錠も処方されていた，その林がいまはカップ麺やヨーグルトが役立っているという。何が変化させたのか。2003年5月のべてるの家の総会，別名「当事者研究会」で林は最優秀新人賞を受賞した，名古屋で健康でいるよりも，浦河で病気でいるほうがずっと幸せと応えた。

そこに，浦河べてるの神秘がある。医師川村敏明は，林にこう語った。「幻聴はあっていいんだよ，うまくつきあえるようになればいいんだよ」。林は注射を打たなかった川村に初めて生活の安心を得た。それまで「幻聴」を消すために注射と薬に依存し続けたからである。

その医師，川村は精神病を「治せない医者」を自称する。その川村医師の「当事者研究」についての発言に注目しよう。「〈精神病の人は，自分を自分で助ける方法を身につけられる〉——これがべてるが長い間かけて見つけたことの一つです。——暴れている人がいたら，私はべてるのメンバーに相談します。彼らが，精神病の人たちはどう生きるられるかということを研究し

ているから，私は医者として彼らに研究テーマを発注するんですよ」。[24]

　この章では，精神科に通う人を地域で支えることを課題にしている。病院は治療が目的であり，長期での院内生活は想定されていない。だが精神科病院では，治療の必要がない人の入院生活，つまり「社会的入院」が減少しない。そのもっとも大きな理由は精神科医療での私的医療機関への依存度の高さである。日本の病院での私的経営形態の規模や病床数の大きな割合は，ヨーロッパでの公的あるいは民間非営利の比重の大きさに比べて特徴的である。

　私的医療機関では，空ベッドの増加は経営財政上何としても避けるべきことである。患者の退院を促進することは，医師として首肯しえても病院としては推進できない。それでも，退院をすすめようとすると，空きベッドを埋める対策が併行して採られるであろう。ここで非常に気になるより可能性が高い代替は，今後増加を続け，症状の進行が予測され，家庭でも施設でも見放される「認知症の人」の受け入れである。

　病院は治療・療養のための施設であって，その後は自宅に帰る，それが基本と理解されている。つまり，病院は臨時的な，短期間の滞在の場であり，生活の場ではないはずである。だが，精神病院には，長期に在院できるための仕組みはすでに備わっている。

　自分の意思での自由入院のほかに，裁判所の決めた保護者の同意での医療保護入院，そして都道府県知事の強制による措置入院である。地域での社会的な支援がなければ，精神障害の人の退院を家族は認めない。現状では家族の同意がえられなければ，退院は難しい，そう思うのは無理のないことであろう。精神科病院はその患者管理が徹底し，精神障害のある人の退院への意欲を殺いでいる。面会は面会室で，昼と夜に点呼，窓が開かず外の空気を吸えない，持込検査のための金属探知機，持ち物管理から服装や食事，服薬などの生活全体の管理が浸透している。[25]精神障害のある人は自己の「主体」を医師に譲渡している。フーコーは医師と患者の関係をこう記した。患者は「こちらが医師の上に投影している，あの権威的な力の理想的で完璧な相関物に化してしまうのである。それは自分の惰性的な無気力のほかには，なん

ら抵抗するすべをもたない単なる客体［＝物象（訳者）］である」。精神障害のある私は，病院のなかで客体である「もの」化する。フーコーの指摘は鋭い。なぜ人は無力化の途を歩みのかという問いに，フーコーは医師と患者，という人間関係を照らし出す。精神科医師の知は，いわゆる「医学モデル」を構想する基点のものであり，この書では「医学の知」と呼ぶものである。

　医学の知は，科学の知のなかでも人間そのものに対する科学としては，私たちの生きることにもっとも深くかかわる知である。患者はその科学の知の管理に服し，その医療体制に疎外されている。疎外：「alienation」とは，だから三つの訳が記載されている。①疎外・疎遠，②譲渡・売り渡し，③精神障害・心神喪失（『独和大辞典』第2版，小学館）。しかも，その譲渡は，不本意，あるいは強制的な意味を伝えている。

　科学の知に対抗できる知のあり方はないのだろうか。「浦河べてるの家」の精神科医師，川村敏明は，治さない医師であるが，彼は精神障害の人の横に座り，ともに食を摂る。前に座る患者を診るのではなく，横の障害のある人の言い分を聞いている。ここに，科学の知に対抗できる知がある，と私は思う。その知を「添いの知」と名づけることにする。「科学の知」と「添いの知」との相違や，その意義に関しては，次章での「認知症のある人に添う」において取り上げたい。

第 7 章　認知症のある人に添う

　　　　私と同じような病気の方に望むこと，それは笑って欲しいよ
　　　　うに勇気を出していろいろな人と出会ってほしい。笑えるよ
　　　　うになると，忘れることが不安でなくなります。家族やまわ
　　　　りの皆さん，この病気はもの忘れだけです。もの忘れのほか
　　　　は，何ともありません。もの忘れがあっても，いろいろなこ
　　　　とができます。考えることもできます。あきらめずに生きて
　　　　いけるように，安心して普通に暮らしていけるように手助け
　　　　をしてください(1)。

　越智俊二は，妻の須美子との共著によれば，2000 年 2 月 1 日，脳神経外科病院で「アルツハイマー」と診断されたが，病名が告知されただけでその後への不安が高まるだけであった。須美子はその時の心境をこう綴っている。「アルツハイマーというものが実際にどんな病気か，今後どうなっていくのかよくわからないため，胸に不安が染みのように広がっていきました(2)」。
　医療は診断だけではなく，病の不安を患者から取り除くことが最重要である，と思うのだが実際はそうでないらしい。俊二はこの時 54 歳，現役のバリバリでありながら，94 年から生じた記憶障害のために，準備をして職場に出ても仕事は失敗の連続で，退職を余儀なくされた。64 歳までに認知症と診断された人は「若年性認知症」と呼ばれている。64 歳を境にしてその未満を「若年性」と命名するのは，65 歳以上に介護保険適用という原則との関連以外の理由はない。
　課題なのは働く意欲ある人への仕事づくりであり，65 歳で線を引いて上と下を区別することは無意味である。この「若年性認知症」という命名が，

かえって認知症のある人のなかで区別を固定させる懸念がある。たとえば，障害児と障害者とを年齢で区別し，一人ひとりの生涯を一貫して支えられなくしている現況が想起されよう。認知症のある人にかかわる本章では，年齢で輪切りせずに，認知症のある人という表現で通すことにする。「認知症」は今日では長生きとともに発症する，いわゆる長寿への「贈り物」であるが，そうは言っても，喜んで迎えるものではない。「認知症」はどのようなものなのか，どのように付き合えばいいのか，「認知症ケア」の最先端ではどのような課題に取り組んでいるのか，そして介護保険での社会的支援にはどのようなものがあるか，こうした点を切り口としながら，この章では認知症のある人への支援のあり方について考えることにしたい。

1　認知症発見のその後

　認知症の診断にあたって，街角でのキャッチコピーでは「早期発見・早期治療」と叫ばれている。それなのに，俊二が「認知症」と診断された際における，夫妻に対する相談や支援が欠けている，と思う。「アルツハイマー」という病名がどのような症状を意味しているのか，聞いたことのある名であってもその症状が治るものか，そうではなくて長期の「ケア」を要するのか，適切な，専門的なアドバイスが期待されるのは当然であろう。症状の発現によって身体には大きな変化が生じ，生活形態に支障が生じる可能性がある。だからこそ，将来の生活設計にとっての「いま」の状況認識が重要なのである。では，医師の診断・治療に関する約束事，いわば医師の倫理の定めはないのだろうか。日本医師会の「医の倫理綱領」がある。その条項を引いてみよう。

　全6項目のなかの一つにこう示されている。「医師は医療を受ける人々の人格を尊重し，やさしい心で接するとともに，医療内容についてよく説明し，信頼を得るように努める」。さらに，その「5．患者にやさしく接すること」として，以下のような説明が加えられている。

「とくに医療を受ける立場にある人びとは，自分自身の健康と生命に関して不安や怖れを抱いていることが多い。したがって，患者との対話にあたっては言葉の使い方のみならず，眼差しや態度，行動などにも注意を払い，患者の心理をよく理解して，不安や怖れを与えることのないように努める必要がある[3]」。

この条項は「インフォームド・コンセント」，つまり，まず医療に関する十分な情報と説明が患者になされ，患者の理解と合意が得られることが前提として記述されている。この「倫理」が確実に実行に移されれば，患者の不満は随分少なくなると思うのだが，いかがであろう。

俊二は自ら認知症という病名を名乗り，2004年に京都で開催された「国際アルツハイマー病協会国際会議」において，自分自身について語った。彼は「若年性認知症」としての自身を語る，日本で初めての人であった。認知症は老いに伴う記憶障害である，との認識が一般的であっただけに，俊二の講演は大きな衝撃を聴衆に与えた。

認知症のある人が，自分自身のことを直接聴衆に語りかけたからである。その語りには表現できなかったが，とても重要なことは認知症のある人を支えるための生活保障である。妻須美子はその点を率直に記しているが，世帯主の現役引退の衝撃には胸が痛む。認知症がだれに，いつ発症するか，だれが予測できるだろうか。もちろん，老いの過程においてだれしも認知症が発症するリスクは抱えているが，だからといって個々人が認知症発症に伴う収入減の負担を負うには，あまりに荷が重過ぎる。社会的連帯の基盤において社会保険などの保障のネットワークが築かれているのは，その「安全性」確保のためではないか。

社会保険料負担はその被保険者の保障への請求権なのである。まず所得保障である。認知症が発症すると現在では退職を余儀なくされる。その離職に伴い収入が途絶える。家計が抱えているのは生活資金だけではない。住宅ローンの返済や子どもの学資保険など，当てにした収入が入らないと生涯設計が崩壊する。収入の中断を支えるためにこそ，年金保険制度が設けられてい

るが，その障害基礎年金と障害厚生年金を合計しても，1か月に約20万程度に過ぎない。収入の補塡のための対策が求められているのである。

　収入と居宅の確保が先決であるが，認知症のある人には見守りが不可欠である。記憶能力の中枢が傷つくために，会話，食事，歩行，排泄などへの自分自身でのコントロールが不自由になる。家から外出しても位置の感覚を失うために帰れなくなる。「徘徊」と呼ばれる行動である。場所や時間の認知が混乱し，さらに家族であることが認知できなくなる。そうした認知機能の障害に着目して，「認知症」と診断されている。「認知症」という命名は，「痴呆」や「ぼけ」という表現からの転換である。その転換を決めたのは厚生労働省であり，後者が「差別的」と判断されたからである。2004年12月の検討会「報告書」に基づいたのである。

　「認知症」という表現になって変わった最重要なことは，医療が露出したこと，という言い方で，とりあえずその転換を言い表わしてみたい。さて，その「認知症」だが，小澤勲の高著，『認知症とは何か』(4)から学びながら，「認知症」の基本的特徴を概説しよう。小澤は「認知症」は専門用語だ，という。この点にまず注目しよう。「高齢になるとだれにでも起こるもの忘れに対して用いる場合と，認知症などの病気によるものを指す場合とは，はっきり区別しておかねばならない」(5)。つまり，老いに伴う「物忘れ」と認知症による「記憶障害」とは区別すべきだという。どのように区別するのか。いま食べた食事のメニューの一部を忘れるのは「ぼけ」だが，食事そのものの忘れは「認知症」である。その判断は医師の診断による。そこで重要なことは，認知症は「病気」なのだ。病気なのだから専門家としての医師の管理下に置かねばならない。だから「専門用語」であり，「認知症」への用語の転換の意味は，それが「病気」なのだ，という評価に統一することにある。

　なぜその点に私がこだわるのか。「病気」という判断は治療を要し，医療の管理・治療下に置かれねばならない。だが，「老い」に伴う「ぼけ」は，身体の自然的変化である。だから，「ぼけ」はその人が老いに付き合うべき，自己の生活上の障害，困難事の一つである。たかが用語とはいえ，ここには

っきりとした相違，つまり「病気」なのか，「障害」なのか，そこに鋭い対照性が示されている。

その相違を念頭に置きつつ，「認知症」の有する特徴を挙げてみよう。中核症状と周辺症状については周知のことであろう。認知症のなかでも発症率の多い，アルツハイマー病や脳血管障害型は，脳の海馬での細胞の損傷や死滅に起因している。脳の器質変化に直接関係する症状なので，中核症状という。その原因に伴う行動上の混乱が周辺症状である。なぜこの区別が重要かといえば，ケア次第によっては周辺症状の混乱は抑え得るからである。では「認知症」とはなにか，という点が大切である。小澤はこういう表現をしている。

「暮らしに不都合がでるようになって，はじめて認知症とよぶ」[6]。とても重要な指摘である。暮らしに不都合や，社会的混乱がなければ「認知症」，つまり病気ではない。重要だ，と申したのはそこに「病気」と「障害」との境界が敷かれるからである。もう少し，先走って言えば，良きケアには「認知症」は出現しないのである。

だから，次の医学的定義には，ケアの状況や施設の生活環境は考慮されていない，医学的診断である。つまり，こういうことである。認知症は個々人が生活のなかで獲得してきた知的機能，たとえば認識・判断・行動の一連の知的機能が老いとともに（＝後天的に）低下して，その低下が持続している状態である。脳の器質的な障害に起因するので，CTやMRIなどの画像診断が可能である[7]。

さて，本章の冒頭で「早期発見・早期治療」という表現を借用した。「早期発見」の次に何が来るのか，とくに認知症のある若い人の場合には，就労を用意することが重要なのだ，と申し上げたい。ところが，医師の診断書で介護保険の適用は受けたものの，仕事をほぼフルタイムで担っている人に報酬を提供できない。なぜか。この介護保険では介護給付を受給するものは仕事を担えないもの，と想定されているからである。ある認知症のデイサービスで初めて制度的な奇妙さに出会った。そのデイサービスに即していえば，

人は労働や就労において社会関係を維持する。介護保険に限らず，雇用保険，生活保護においても，給付を得ながら仕事に就いて収入を得ることが最重要である。その途を制度的に開かねば個々人の「自立」的生活は実現できない。就労は収入だけを目的とするものではない。職場の確保とともに出かける「場」が確保できるのである。ところが，認知症と診断された後の相談と支援・援助の体制が未整備，それが「認知症」告知以降の課題である。介護保険を使えるとしても，認知症のある人にとっては身体介護よりも出かける場，あるいはゆっくりと自由に時間を過ごせる場が欲しい。デイサービスは，一般的にはバイタルチェック・機能訓練・昼食・レクリエーション・入浴などのメニューで進行し，会話には言語が不自由であることから，いまだ壮健な男性には不向きである。

2 役に立ちたい

認知症のある若い人は仕事を探している，この課題に話を戻したい。仕事に就くことによる収入機会の獲得とともに，自分の職場が欲しい。収入の件はすでに述べたが，仕事は収入を得るだけのものではない。自宅あるいは居宅（たとえば，グループホーム）から出かける「場」が必要なのだ。この点についてもう少し立ち入りたい。出かける「場」では社会関係が形成される。この点が重要である。

「社会関係」，難しい用語だ。この用語は西欧の歴史のなかで形成されているので，とくに東アジア地域では難しい概念，と私は思う。それでも非常に重要な概念であり，私たちの日常生活でも深く意識されずに使ってはいる。社会関係は，「社会的なこと」という概念の一環として理解すべきであり，とくに社会保険制度の理念に即してすでに述べたので，繰り返すことは避けたい。ここで確認しておきたい点は，社会関係とは，基本的には，家族関係を含めて他者と自己との人間関係づくりを意味している。

認知症の人は働きたいと願いながら，不本意に職場から，あるいは家事か

ら追われて，誇りとしていた社会関係や家族関係にメスが入れられる。と同時に，仕事を通じて積み上げてきた自分の誇りがぐらぐらと崩れ，それとともに自分自身が失われていく。その当事者の苦しみと痛さを受け止めてみると，仕事が人間にとっていかに重要な社会形成的意義を持っているか，改めて私にはよく理解できる。熊本県に，認知症のある若い人に通所サービスで通ってもらい，仕事を提供する先駆的施設がある。その施設の一端を紹介しながら，認知症の人にかかわる理念について模索してみたい。その施設名は，「デイサービスセンターわだち」，築80年の「古民家を利用した小規模通所介護」(代表:西村哲夫)が特徴の一つである。その「部門」一つに，「若年認知症部門」(10)がある。

　介護理念は分かりやすくてとてもいい。
　一，私たちの考えをあなたに押し付けません
　一，あなたらしさ，あなたの人生，あなたの想い，あなたの家族の想いすべてを大切にします
　一，あなたや地域の人たちと一緒に楽しみます

　この「部門」では，高齢者部門のデイサービスとは区別した「活動プログラム」が作成されている。通い人は三つの活動メニューから一つを選択する。その入り口に「わだち製作所」の看板が掲げられ，ここが「職場」なのだと自覚を促す。通い人は9時にまず「出勤簿」にサイン，10時から職場「オリエンテーション」，そこで当日の自分の仕事が決まる。

　1．通所ガンガン作業
　2．ゆったりプログラム作業
　3．屋内イキイキ作業

　どれでも選択が可能。もちろん，午前と午後で作業の組み替えも可能。
　朝礼では，個々人の一日のスケジュールが職員とともに協議のうえ決められる。作業後には「業務日誌」を，通い人に一行でも書いてもらうという。まさに，職場そのものの再現である。
　ある人の一日の日課を覗いてみる。

午前：朝礼・清掃・準備体操・ウォーキング・畑仕事
午後：ドライブ・竹細工・花や野菜の水やり

　通い人は，それぞれの花や野菜の水やりが欠かせないが，そのプランターは竹を伐採し，それぞれが自分で製作したものである。通い人と職員とは，要介護者と介護者の関係ではない。なぜなら，通い人は職員と一緒に同じ仕事をしているからである。この施設の「活動プログラムの概要」にはこうある。

　「職員と一緒に畑作りから始め，毎日の水やりや草取りなど竹細工と同様，職員と一緒に同じ作業をします。」

　認知症のある人は「病気」のはずだが，ここでは職員と同じように仕事に就く。通い人は，「職場の同僚のような存在」なのである。医療に依存せず，通勤が生活に組み込まれている。そのことがとても愉快である。ある通い人は施設代表に職員の働き方が悪い，と毎日こぼす。そこで施設長は職員に目の前で汗を流して働け，と入れ智恵を説く。次の日，激しい仕事して汗が飛び散る職員を見て，通い人は「職員の働きがよくなった」とほめる。

　かの通い人は現役の職場では部長職だったという。汗をかいた後は，通い人と職員は一緒に汗を流す。いつか近い内に，部長職であった通い人でも，身体で覚え込んだ記憶さえも消えていく日をただ待つのではなくて，人生の歩みを可能な限り，通い人らしく生活すること，その生活支援に日々を捧げる人たちがいる。

パーソン・センタード・ケア

　さて，こうした先進的な取り組みはあるものの，認知症のある若い人への社会的支援は拡大していない。それも当然である。先進的活動を支援する仕組みがないからである。その支援施設でもとくに人手の確保は難しい。確かに取り組むべき課題は多い。だが，日本国内だけでなく，国際的に認知症のある人への支援は強化されつつある。私事ながら，2010年の8月初めにドイツのミュンスター市にある老人ホーム，Perthes-Werk e. V.（非営利法人

ペルテス・ヴェルク）を訪ねた。評判の高い，入所待ちを必要とする施設，その高評価の背景を尋ねるためであった。

施設長は私のインタビューに次のような内容で回答した。(11)

　　2004年にパーソン・センタード・ケアを導入しました。入所者の高齢化のなかで認知症のある人は増えて，そのケアが新しい課題でした。新しいコンセプトが必要でした。日課を外して，起床・就寝，食事時間も入所者の自由としました。入所者担当のケアスタッフはできるだけ固定しようとしています。改革の基本は〈personhood〉（その人らしさ，個性）の重視，つまり一人ひとりに合わせたケアによって，ウェルビーイング（よい状態）を高めることです。

「パーソン・センタード・ケア」はイギリス生まれ，その改革は1990年代初めにブラッドフォード大学老年学教授のトム・キットウッド（Tom Kitwood）博士によって提唱された。その基本的な姿勢は以下の表現に示されている。

「認知症を理解しようとするとき，認知症という脳の病気にのみ焦点を当てるのではなく，認知症という病気のため知力能力の低下に直面している人との関係性に注目し，病気の部分に目をうばわれないで，その人の人間性を考えるということ」であり，つまり**認知症の人から認知症の人への意識の変換**」が重要である（図7-1参照）。(12)

その提唱によれば，「倫理」や「人間観」におよぶ広い範囲での改革が意図されている。認知症ケアでの古い文化と新しい文化とを対比させつつ，より具体的なケアの局面での転換を図ったことはとても印象深い。また，ケアの転換をより客観的に評価するために，「DCM（ディメンシア・ケア・マッピング）」に基づく指標を用意したことが特徴的である。

パーソン・センタード・ケアのケアにおける功績のもう一つは，認知症のある人を，医学モデルから生活モデルへ，あるいは社会モデルへと転換させ

第7章　認知症のある人に添う　　105

図 7-1　認知症をめぐる文化

脳神経障害　**認知症**をもつ人

認知症をもつ**人**　　性格（気質，能力）
　　　　　　　　　　対処スタイル
　　　　　　　　　　生活歴
　　　　　　　　　　健康状態
　　　　　　　　　　社会心理（人間関係）

（出所）　水野裕『実践パーソン・センタード・ケア』株式会社ワールドプランニング，2008年，34頁。

たことである。少し説明を要するだろう。認知症のある人が「帰る」と頑強に言い張ったり，攻撃的になったり，叫び続けたり，私たちに理解しがたい行動をとることがある。その「異常行動」は脳の神経病理に起因する，という判断が還元主義的な医学モデル，その判断を彼は批判したのである。

　医学モデルに対抗し，彼は認知症のある人の①人格，②生活史，さらに③運動・感覚の能力や健康状態，さらに④脳の神経障害，そして⑤その人を取り巻く社会心理，それら五つの要因を挙げた。そのうえで，知覚障害という病に注意を払いつつ，地域において生活の継続を支援しようとする。医療が「認知症」と診断しても，その認知症の人をどのように支援するかの判断は私たちのことであり，医療の行なうことではない。認知症のある人が病院以外において，尊厳を保持して生きること，その途を示したことはキットウッドの大きな社会的功績である，と思う。

3　添いの知と医学の知

　「国民皆保険」の制度化が提唱されたのは，1960年代のこと。高度経済成長は国民所得を強力に引き上げ，法人税の増収を生むとともに，国の蔵入を

潤すことになった。マクロ的，つまり国民国家としての財政レベルで見ると，戦後復興での公共事業が一段落したが，冷蔵庫など家庭電気製品による民需の総需要が上昇し，他方で機械化と増産による労働者不足が賃金の引き上げによる購買力の増大を促がし，そして経済の供給と需要との好循環過程が形成された。

　医療保険制度と医療機関の整備は，この経済成長期の余剰の所産であり，経済成長とそれに伴う雇用創出を下敷きにした制度設計である。その後遺症が今日の医療保障や医療保険制度に影を落としている。つまり，病院は私的利潤の追求が許される「医療法人」である。この利潤を目的とする病院を基本とする日本に対して，ヨーロッパの主要国すなわち，フランス・イギリス・ドイツなどでは，州や市町村の公立および教会系などの非営利組織による運営を原則とする。日本はアメリカ型に近く，診療において利潤が認められている。医学は，日本ではこの利潤追求の医療システムのなかに組み込まれている。ここで強調したいことは，「医学の知」が利潤を生み出す医療システムのなかに組み込まれている，という現実である。

　それでも，医学・医療での科学・技術的進歩の恩恵は非常に大きい。その貢献度の一端は，わが国での長寿化にうかがえる。その反面，長寿化は国民医療費の高騰を促す側面も有する。長生きの人が多くなると，高齢ほど有病率が高くなり，医療機関に通う人が増え，結果として国民医療費が増大する，というわけである。だが，それは推論の過程に間違いがある。長寿化が進行しても医療機関にかからねば，国民医療費は高騰しない。当然である。国民医療費の増大は医療機関の側に，つまり高額医療機器の導入や，間接的にはきわめて高額な人件費の影響ではないか，と私は思う。

　さて，認知症のある人と医療機関との関係は切っても切れない縁なのだが，切りたい縁である。「あなたは認知症です」と告知されたら，あなたはどんな行動を起こすだろうか。

　これはとても難しい問いである。私も難しいと思う。入院しますか，在宅での生活を続けますか。あるいは施設に入所しますか，といっても施設は待

機者が多くすぐには無理である。

　認知症のある人には24時間の見守りがいる。見守りという用語を使ったのは，身体介護だけで表わせないのが，認知症のある人へのかかわりだからである。病院では医療ビジネスなので，多くの患者に向けたマニュアル管理が優先であり，一人ひとりへの看護・世話にはほど遠い，病院はそれでいいのである。

　そこで，第一回日本痴呆ケア学会奨励賞（2004年）を受賞した，認知症ケアの小規模多機能ホーム「宅老所よりあい」（以下，「よりあい」と略記）の実践を学びつつ，認知症ケアのあり方についての考察を深めたいと思う。2001年に「よりあい」は「その人らしく――普通の暮らしを続けるために」，という見出しをつけて情報誌を発行していた。

　「その人らしく」という表現に注目したい。当の「よりあい」は1991年に福岡市の市街地に設立していた。その代表は下村恵美子である。彼女はソーシャル・ワーカーとして老人ホームに勤務して退職，寺の空室を借りて「よりあい」を起こした。そのときに出会った認知症のお年寄りを「なんとかせん」，その責任倫理が彼女の基点である。

　下村の基本的な姿勢は現在も変わらない。「よりあい」に一人のお年寄りが現われた。下村の動きに注目したい。以下は，豊田が「宅老所よりあい物語」を基に構成したものである。[14]

　「よりあい」に娘さんが母のすずさんを送ってきた。いわゆる「通い」である。すずさんはいやいやながら通い人になった。「すずさんは最初，コートを脱いでくれず，帽子も一日中かぶったままでした。顔が赤らみ，微熱も出てきます。さりげなくトイレに誘いますが，行ってくれません。」

　すずさんは95歳，遠くの町に息子さん夫婦と暮らしていましたが，認知症状が発症して一人で出歩くようになり，娘さんに呼び寄せられたのです。娘さんはキャリアウーマンで，ご主人と二人の子どもさんも仕事をもっています。相談を受けたものの，下村は難しいと頭を傾ける。

　「とにかく一緒にやってみて，考えていきましょう」，これが下村の返答で

した．

「家にかえらなーーー」とすずさんはうろうろしていたが，少しずつ慣れたのか，ある日の午後からのドライブには上機嫌で乗車して，「きれいな海ねえ」と喜んでくれた．そして約1か月が過ぎたある日，娘さんが下村に訴えてきた．

「帰る，帰る」と言いながら，夜中に土足で家のなかを激しく歩き回る．家族はみんな寝れない，というのだ．

まもなくしたある日，今度はすずさんが真剣な顔で訴えにきた．

「ばあちゃんが呆けとるって，娘が言うとよ．ばあちゃん，呆けとるとやなくて歳をとっとるだけって言うてやったと！」

「毎日ここに来ようやろ？　結構，大変なんやけ」．

95歳にしてまことに忙しい．なぜ「よりあい」に通うのか，その理由がすずさんには分からない．ある日，スタッフに訴える．

「ばあちゃんは，来たくてここに来よるちゃなかと．娘が行けというから，仕方なく来よると！」

認知症があるといいながら，しっかりと筋は通っている．したたかである．95歳にしてかくも忙しい日々，この話を聞いた娘さんがこううなずいた．

「母も大変なんですねーーー母は偉いんですねーーーー」

すずさんの95歳の気迫に圧倒され，娘さんの納得に下村は「ホォッ」とする．

下村はソーシャルワーカーである．認知症のある，一人の老女のために「よりあい」を設けた．収益や事業はあとからの課題，まずこの人への援助を，それはまさに画に描いたようなソーシャルワークの実践である．欧州の19世紀半ば，ソーシャルワークの展開期を想起させるが，まずは以下の章句を読んでいただこう．

　　自己の問い直しは，まさに絶対的に他なるものの迎え入れなのである．絶対的に他なるものの公現は，〈他人〉が，その裸性を通し，その貧窮

を通して，私を呼び付け，私にひとつの命令を意味するような顔である。そして，それに答えるようにと督促するのが，その現前である(15)

　哲学なので用語が少し難しい。これはフランスの哲学者レヴィナスの言葉である。なぜここに引いたのか，下村の行動が上記の章句に重なるからである。そして，下村のソーシャルワーク実践がこの章句で解釈できそうだからである。

　認知症のある人が現われる。それは「公現」，つまり公の場において登場するのであり，みんなの前に，しかもむきだしの生として，つまり飾ることのない「裸性」として現われる。それだけでない。その他者は「公現」し，そして命令する。だれにか，他者に対している私に対してである。では，その命令をどうして知るのか。それは他者の「顔」によってである。他者，ここでは「すずさん」に対する下村の姿勢は他者への指示や命令ではなく，逆に「すずさん」が下村に命令している，かに見える。

　私は下村のソーシャルワーカーとしての下村の認知症ケアの実践を高く評価し，その実践が新たな社会形成の基本への示唆になる，とみなしている。ここに引いたレヴィナスの思考は，つまり現代哲学において伝統的な「主体」を基点として「客体」につなぐ，いわゆるデカルト的な「主客図式」からの転回を意図しているが，そのレヴィナスと下村をつなぐのが，彼女のソーシャルワーク実践である，と考えている。

　もう一つ，これも「よりあい」での実践から学びたい。

　「よりあい」の通い人の一人に，小林ヨシエさん（83歳）がいる。その地区の役員を長く務め，彼女の人柄を慕う人も多く地区の名士であるが，認知症を患ってからも運動選手のキャリアを活かして遠出「徘徊」を得意としている。(16)

　なぜ人は歩きたいのか。よちよち歩きの赤ちゃんは転んでも転んでも，また立ち上がって歩む。それは，大げさに言えば，20万年前に人類がアフリカに誕生し，北へ，そして西へ，あるいは東へ，長い道のりを歩き続け，こ

の列島に辿りついた歴史の積み重ねを思い起こす。

　いつものように，ヨシエさんが「よりあい」をふらっと，後にする。あてどない徘徊である。だが，「よりあい」ではここからが特徴的だ。ヨシエさんの後をそっとつけているスタッフがいる。そのうちに，スタッフは少しずつ間合を詰めながら，いつの間にかヨシエさんの横に添う。転倒防止のためにそっと腕を組み，なお歩き続ける。やがて歩き疲れ，目的地がどこであったかあやふやになり，あてどない歩きは「よりあい」に向かう。「ただいま」，その入り口のあいさつで，「徘徊」は「散歩」へと転回した。「徘徊」は出発地に戻れないが，「散歩」は帰る，その違いが「徘徊」を認知症の問題行動とする。

　下村を代表とする「よりあい」の姿勢を観察しながら，そのケアの特徴を「添いの知」と命名したい。命名したのは「科学の知」との対照を基本としたいからである。「添いの知」と「科学の知」，前者はソーシャルワークの基本として，また他者と自己とをつなぐ考え方として示唆に富む。

　科学の知の特性は，主体をまず据え，対象を捉えて見ること，その対象は客観であり主体は主観である。だから，ここに「主客図式」が成立し，これがいわば近代知である。自然界は，その客観化された「もの」であり，開発・搾取の対象とされてきた。

　添いの知は，科学の知が直線型なのに対して，円環型である。つまり，科学の知がそのうちに反省の契機を持てないのに対して，添いの知は自己の行為・活動を顧みることができる。科学の知が視線によって識別・判断を下す，しかも目線による上・下の差別性を伴うのに対して，添いの知は身体の感覚を重視し，他者の横に座り耳を傾け，その意をうかがう。老いは身体にかかわる変化であるが，よりあいは認知症を「ぼけ」として，老いという自然での現われとみなす。だから，他者の身体に添うことの延長に，自然の死の看取りに通ずるのである。

　添いの知は，今日的な人をつなぐ，人間関係に重要な方向性を示している。第二次大戦後，地域や家族の強い絆からの「個」の自立や自由が主張された。

それは大戦への反省の一里塚ではあるが，今日ではその対象たる地域や家族は強い絆をすでに喪失している。その理念的「個」だけが，保護幕を引き剥がされて，むき出しの生を露呈している。この時代のなかで，他者が先，その他者との関係づくりが最重要に思えるのだが，いかがであろうか。
　下村は，認知症のある人，「よりあい」ではお年寄りと表現しているが，その人へのかかわりにおいて，いくつかの特徴的な点を示している。
　①他者，つまり認知症のある人が行き場もなく困っている，その人のために下村は責任を負う。あなたへの私の奉仕である。
　②他者への倫理は私の利益のためではない。それは開設時からの不動の姿勢なのである。
　③その他者は，咎められたり，しかられたり，また指示されることはない。
　ただ，身体の自然を尊重して，歩くこと，自分の口で食べること，薬を使わないこと，その基本に徹しようとしている。リビングはよりあう場，そこではお年寄りの横にスタッフは座り，その声にあるいは歌に耳を傾ける。そして，いつも笑いがある。
　現在は，科学崇拝あるいは医学万能の時代であり，科学は前進しつつ常に課題を解決する，と信じられている。不治とされる「認知症」にも治療を施すために病床を用意する。認知症を「病気」と見立てるからである。科学信仰は人文研究の領域にも進行中である。科学は実験による立証を伴うが，芸術（＝Art）の本分は経験による。
　医学はもとより，看護，福祉，介護の研究現場においてさえ，「立証（＝エビデンス）」を求め，福祉現場は人体実験の場と化すかに思える。認知症のある人への添いは，その人間関係に「科学の知」を必要としない。「添いの知」は，身体的感覚であり，したがってエコロジカル（＝生態学的）なのである。この表現だけでは分かりにくい。もう少し説明を要する。
　以下に試行的に，「添いの知」と「科学の知」とを対照的に設定して，その特徴を明確にしてみたい。それによって，添いの知が医療的ではなく，福祉的あるいは世話的な人間関係であることを浮き彫りにできるだろう。ただ

し，科学や医学を無効や無為とするのではなく，医療の意義を認めつつも，とりあえずは認知症のある人へのケアにおいて「添いの知」の領域を拡大したい，と思うのである。この添いの知は，科学の知が普遍的な意義を持つのと同じように，だれに対しても「人として」対処する理念であり続けるのである。

添いの知：
①個別性：一人ひとりへの個別的な対処が基本とされる。
②他者性：他者（たとえば，＝認知症のある人）が生活および生活設計について指示する。
③循環性：エコロジカルな循環過程のなかで人は身体の自然で生きる。循環型は，円形であり自己性の反省が含まれる。

科学の知：
①普遍性：だれに対しても同じ対処が原則とされる。
②客観性：患者は医療の対象，実在は自我（＝コギト）で対象は「もの（＝客観）」である。
③直線性：対象を視線で判断し，視線は直線のために「反省」が含まれない。

科学の知が，医学，物理学，生物学，そして化学などの理念とすれば，添いの知はソーシャル・ワークの理念である，と私は思っている。それがソーシャル・ワークでの，たとえば，相談・援助・評価などにおける人間関係の基本型と思えるからである。添いの知では，管理－被管理，支配－被支配，という人間関係を拒否する。だから，今後の社会形成を展望するうえで，まさにその新しい人間関係の構築にあたって，重要な意義を持ちうるのである。

第8章　共生から新たな公共性の形成へ

　　　　　　　　　　　人間における生物学的過程と世界における成長と衰退の過程
　　　　　　　　　　　の共通する特徴は，それらの過程が自然の循環運動の一部で
　　　　　　　　　　　あり，したがって無限に繰り返されるということである。だ
　　　　　　　　　　　から，この過程を扱わなければならない人間の活動力は，す
　　　　　　　　　　　べて自然の循環に拘束されており，適切にいえば，そこに始
　　　　　　　　　　　まりもなければ終わりもない。(1)

　今日的課題をそれぞれの章において考察してきた，といってもこの世のすべての課題を扱いきれるものではない。最終章としての課題は，さまざまな社会的な課題の基底に潜む人間の生活にまで立ち返り，その根源から問題性を問い返すことにしたい。その上で，今日的な生活世界の現在を批判的に再形成しうる道筋を記述することである。その形成にかかわる方法概念として「公共性」を設定し，それを新たに形成すべきこと，としてここで記述したいのである。公共性の必要性やその概念についてはすでに第2章において考察しているので，ここではその内実について考察するつもりである。

1　孤立は絶対的貧困

　前章までにおいて，私はこの社会のなかで絶対的貧困の状況にいる人に，さまざまな出来事や言論や活動を通じて接近しつつ，ともにその場に立ち会いたいと希望してきた。虐待や殺人，さらに自死などの背景にうかがえる絶対的貧困，それは単に生物的に生きているのであり，人間的な生活が崩壊し

ている，と私には思われる。では人間的生活とは何を意味するのか。この問いに正面から応えるのは難しい。だが絶対的貧困に対照させて，人間的生活について記述することはできる。

　絶対的貧困と孤立とは，表裏の関係にある生活状況である。絶対的貧困が「もの」的世界とすれば，孤立は「こと」的世界として表象できるだろう。人は生活のなかで居を構え，道具を造り，あるいは集め寄せて，その道具によって生活の「快」（＝ウェルビーイング）を体感しようとする。また，人は家族という他者のなかに現われ，そして家族外の他者との社会関係を築きながら成長する。私たちにとっては，道具，少し難しく言えば「私財」と他者なしに生活も成長も不可能である。ところが奇妙なことに，私財がなく他者もない，いわば「剝き出しの生」が露わになる状況下に生きる人が，現在では，増加している。その状況下に生きること，それがどのように問題なのか。

　人間は自然界のなかに生命を得ながら，私たちは動物のような毛皮をもたず，強い牙もなく，逃げ出す脚力も劣る。ようやく道具の開発によって，人間は自然界に君臨し，今日では自然界を破壊し，それ故に自然界の邪魔者と化している。また，道具を編み出したことで，人間は自己を世界に向けて拡張できたのである。両手でも届かなかったことが，まず棒で，ついで紐で，また通信で，さらに今日では電子機器によって世界に私の言論が届く。両手を横に広げてみると自己の身体の限界が分かるのだが，両手の先に道具や人の手があれば自己の世界は広がる。また，他者と手をつないで歩く感覚は，自己の意識を遠くへと開放する。だが，孤立化したその人には，身体の開放や広がりの感覚が失われているように見える。

　その身体状況は「つなぎ」感覚の喪失でもある。私財，つまり「もの」とのつなぎは所有と表現され，人とのつなぎは「関係」と表現される。私財と他者を喪失したとき，つまりすべてが奪われた状態，それが「private」（＝私的）な」状態であり，古代ギリシアの時代では奴隷を意味した。今日「プライバシー」が肯定的な意味に解されているが，それは私的領域が豊かにな

ったからだ，という。(3)

「孤立」は個々人の問題，ということに異論はない。「孤独」が「孤立」に至ると自治体の責務が問われ始める。「死」の時はだれでも一人であるが，社会保障給付の支援が欠けていると，その責務は自治体に求められる。だが，社会保障給付を得ても，一人暮らしであれば「孤立死」の可能性は大きい。問題の立て方を間違えると袋小路に迷い込む。「孤立死」を巡る問題構成は，「私」と「公」との関連，あるいは「私」と「社会」との関連のなかにある，と思う。

近代ヨーロッパは，自己の歴史の古典・古代をギリシアとローマ帝国に求めた。そこに私的領域と公的領域との区別，そして公的領域における社会的・政治的空間としてのアゴラが形成されていた。アゴラの原意はアゴラン（集まる）とされるが，それは市民の公論の空間であった。その公的な空間は市民的政治活動であり，ここでは言論が暴力に替わって空間を支配していた。この公共的空間が「公共性」と命名されている。(4)

さて，公共性についてはすでにその必要性や構成などを第2章で詳述した。とくに，現代的課題である孤立を巡っては，家族を生活の核とする共同体，さらにその家族を支える相互扶助としての近隣共同体，および労働共同体としての企業福祉が崩壊し，一人ひとりへの公的・社会的支援の脆弱性が現出した，と記述した。孤立とその背景にある「貧困」は，先進諸国に共通な社会的課題である。だが，貧困と深く執拗に関連し，死の影が常にまとわり付く残酷さ，その点にわが国での孤立の特徴が透けて見える。若者の孤立に関して言えば，先進諸国，とくにドイツでは連邦に「青少年援護省」が置かれ，地方自治体には「青年援護局」が設けられている。民間では公益的福祉六団体によるソーシャル・ワークが若者の相談と援助を担う。若者への社会的援助，この点に，今日の失業の若者あるいは非正規若年者への支援を巡るヨーロッパと日本での格差が際立つ。

18歳の巣立ち，それは晴れがましい，だが危険に満ちた旅立ちに違いない。でも，若者は旅立ちの日を準備しながら，親への感謝を胸に，新しい希

望を抱いて温かい家から荒々しい世界に飛び込む。親は，多くの多難な旅を乗り越えてきた経験を子どもに伝え，そして子どもが山や谷を乗り越える力をつけるように，子に愛情を注ぐ。18歳から先は自立した子どもの人生，会うことも稀になるだろうから。それは若者の危険な旅であっても，そばにいない親は支えられない。だから，一人ひとりの若者に相談と援助を保障するための公的あるいは社会的な仕組みを設ける。社会的支援が保障されれば，子どもにとって家族とは絆の関係だけでも構わないのである。ドイツ語では，家族への「依存（＝abhängig）」からの独立は，反対の意の前綴りの「un-」を付けて「依存しないこと＝（unabhängig）」，だから「自立」と呼ばれる。

　孤立の話題に戻ろう。独り立ち，そして一人暮らしそのものは孤立ではない。孤立とは他者との関係，つまり社会関係が断たれた状況を言う。日本では孤立が，青少年世代・子育て世代・高齢者世代など，今日では，世代を越えて問題化されている。孤立の問題性は，一人暮らしを自立の基本とする欧米とはまったく異なるが，その点を念頭に置きつつ，まず孤立化を防ぐ自治体の活動に注目したい。

　さて，本章は以下三つの節に区分されている。少し議論を先回りして三つのキーワードを提示しておこう。一つ目は「つなぎ」であり，その議論の背景には孤立がある。その解決に向けた北九州市の事例を検討する。二つ目は，「共生」，その議論を展開するために人間の身体に立ち返る。「エコロジカルな循環」という根本から，共生からの新たな公共性を展望する。最後に，横へと伸びるつなぎの要として，「添いの知」を「科学の知」に対抗させる。物象化と商品化のグローバリゼーション，公共性におけるその対抗としての社会運動，つまり直接的・人格的関係の回復へのソーシャルワークの提唱である。ここに提起する「公共性」が抽象的であるからといって非現実的ということではない。三つのいずれの概念にあっても，生活世界での現実の活動として継続され，それら社会運動に依拠しているからである。

　まずは，「孤立死の防止」という北九州市の試みを紹介しつつ，その実践

に学ぶことにしたい。その普遍的課題が，全市的な総力を挙げた企画として実施されている点で興味深いからである。

2 「つなぐ」地域ネットワーク事業

　北九州市は，1963年（昭和38年）に，門司，小倉市，若松，八幡，そして戸畑，5市の対等合併によって成立した。旧八幡市には1901年（明治34年）に創業した八幡製鉄所がある。その八幡製鉄所が，富士製鉄所との合併で新日本製鉄株式会社として1970年に再生する。その歩みを概観したいと思ったのは，八幡製鉄所が日本の近代重工業化を推進してきた拠点であったからである。八幡製鉄所は，殖産興業の国策に位置づけられて，後背地の筑豊の石炭を動力に，港に陸揚げされる輸入鉄鉱石を素材として鉄鋼を生産していたのである。

　石炭から石油，というエネルギー転換の国策で炭鉱は閉山に追い込まれ，失業者が街に溢れた。それは1965年以降での九州北部の急激な経済的転換が，未曾有の失業者を生み，家族を抱えるがために他都市に移住できない人びとが，その地の生活保護制度に依存した。

　北九州市での生活保護を巡る苦悩を語るには，炭都八幡の歴史が，今日の福祉行政での鼎の位置にある。2005年と2006年に市内において相次いで「孤立死」が発見され，メディアの大きな注目を集めた。いずれの死も生活保護申請拒否にかかわり，市の福祉行政が問われたのである。市は「いのちをつなぐネットワーク」（以下，「ネット」と略記）を2008年度（平成20年度）に立ち上げるとともに，その「ネット」にかかわる担当職員に対して事前に研修を義務づけて出向させた[5]。

　つまり，「ネット」の基本構成は，係長級の職員16名を「ネット」担当係長として，各区役所生活支援課に「出前職員」として配置し，本庁とつないだことである。それは，住民間の網の目の粗さを解決するために，その網の目に行政職員を配置する試みである。「孤立死」の防止は生活保護行政だけ

で担えることではなく，地域での見守り・支援が必要である，という認識は「北九州市生活保護行政検証委員会」の提言内容でもある。以下に，北九州市の資料を基に「ネット」の概要について説明し，その将来的課題について考察してみたい。

さて，現場に出向された係長，つまり「ネット」の職務について考察しよう。ソーシャルワークとは，援助を望む人の当事者としての意思に添うこと，と私は理解しているが，その観点に即して「ネット」の職務に注目したい。

「ネット」は三層構造で構成され，住民の身近なところから①「小学校区レベル」，②「区レベル」，③「市レベル」となる。①では，市民センターが拠点とされ，自治会などの住民活動が展開される。②では，拠点は区役所保健福祉拠点であり，専門職と住民との協働による「区保健・医療・福祉・地域連携推進協議会」が設立されている。③は，総合保健福祉センターや「ウェルとばた」が拠点である。

市の7区のうち，戸畑区のみが一人区で，他の6区は複数の担当係長が配置され，担当係長は総数16名である。派遣にあたっては事前に，約2か月半の研修が義務付けされたが，その研修は「ネット」担当係長が現場に出向き，相談によるニーズ把握のための能力を開発するためである。その「役割」は以下のようにまとめられている。

①担当係長（＝ソーシャルワークの担当）の役割
・見つける：支援を必要とする市民の情報収集や発見および実態を把握する。
・つなげる：支援できる制度やサービスはないか，区役所全体で検討し，支援方法を決定する。
・見守る：公的サービスを提供するほどの状態ではないが，地域での見守りが必要な市民の場合など，「いのちネット見守りチーム」の立ち上げを支援する。

②地域見守りの事例
　多様な「地域見守り」が実施されているが，そのなかから特徴的なもの

を紹介する。
- 地域：「ふれあいネットワーク」，ボランティアによる「福祉協力員」（6645人）と「ニーズ対応チーム」（7012人）一人暮らしの人などを見守り・支え合う。
- 行政：消防局「いきいき安心訪問」，65歳以上の一人暮らしの人について，女性消防団員（152人）による火災・事故予防などの指導，さらに必要があれば簡単な世話や相談に応じている。
- 民間：ヤクルト「街の安全・安心サポート隊」，ヤクルトレディ（約300人）が飲料販売のついでに，高齢者や児童などに関する要援護情報を行政に伝える。

　新しい企画による事業の推進がスタートすると，その「成果は？」とうかがいたくなる。せっかちに結果を望むのが，いつのまにか私たちの習い性になっているようである。と言いながら気になる報告，「いのちをつなぐネットワーク事業の取り組み状況」（2009年7月～2010年3月），その一部を採り上げ，考察の対象としたい。

　その内訳では，「事業の周知」「相談者」「対象者の性別・年齢」「相談内容」「連携先」，そして，「見守りの事例」と続く。ここでは，「対象者の性別・年齢」「相談内容」の項目に注目する。ただし「対象者」という表現には賛成しかねる。福祉の「対象」という表現は措置制度の時代に一般化していた。「対象」は，上から，一方的に，何かを操作・提供する意味合いが強いからである。

　「対象者」の年齢別では，男性が女性よりわずかに多く775人，全体の50.2％である。年齢層では，75歳以上がもっとも多く45％であり，次いで40～64歳の層が28％である。私がとくに注目するのは，「40～64歳」層であり，年金生活者の「65歳以上層」とはまったく異なる生活ニーズを抱えているからである。たとえば，「法制度・サービスへつないだ主な事例」のなかで，40歳代の3事例が報告されている。

　女性Aは，「近隣との付き合いがない。近頃新聞が溜まったまま」。女性B

「生活困窮，体調不良。無保険，病院受診なし」。男性C「アルコール依存症，近隣施設で迷惑行為を繰り返す」。いずれの事例も無収入あるいは低収入であり，生活支援が不可欠であることが見えてくる。

さしあたっての課題は，生きるための生活支援と身体を休める住居の確保，それに合わせてどのような社会参加のプログラムを提供できるかにある。つまり，援助を要する当事者に向けた，住居にかかわる「居場所」と「出かける場」とを用意することである。それを空間的に見れば，これらの私的領域と公的領域のそれぞれの整備は個々人にとって不可欠であり，だからこそ自治体行政の責務となる。生活支援とは言っても，生活保護などの法制度にかかわることと，相談を軸とする仕事づくり援助などの両面がある。「ソーシャルワーク」は後者であり，金銭給付ですませるだけでなく，一人ひとりの意思に応じた仕事づくりや社会参加づくり，それが重要な課題である。繰り返す。金銭給付だけでは社会関係はつくれない。社会関係づくりが「つなぐ」ということ，そのように私は理解しているが，「ネット」のその後をうかがっていない。

ただし，自治体による「ソーシャルワーク」事業に一言注文をつければ，それは専門性の高い社会福祉の実践を意味している。少なくとも，社会福祉士養成にあたってはその専門性ゆえに4年間の大学での研究とソーシャルワーク演習，さらに援助技術実習が課され，その修得を前提にして国家試験の合格，というかなり高いハードルが準備されている。自治体が安易に「ソーシャルワーク」の名称を使用すると，社会福祉士の専門性が低く値踏みされ，専門職としての職場が狭められることを懸念する。「ソーシャルワーク」が必要であれば，行政職の研修で間に合わせるよりも，社会福祉士を採用し，専門職に相当する人事管理の導入がきわめて重要である，と思う。

私たちの思考は，欧米語では「社会関係」，邦語では「つなぐ」という主題の回りを巡っている。ここで重要なことは，人と人とを直接に，また同時に人格的に「つなぐ」という課題であるが，まず人間の「自然」（＝nature）に立ち返りつつ，その環境を手がかりにしてみたい。この課題は先進工業諸

国においては,「exclusion(=排除)」から「inclusion(=包摂)」へ,という問題設定において議論されていることであるが,次節においてその「つなぐ」契機について考察してみたい。

3 生物多様性としての人間世界

まず,金子みすゞの詩を読むことから「生物多様性」の課題に近づきたい。周知とは思うが,みすゞは1903年(明治36年)に現在の長門町,その港まち仙崎村に生まれた。作詞家西條八十に,その詩が称えられながら26歳の若さで自死した。みすゞの詩は優しさの魅惑に満ちている。「つなぐ」という本章のテーマについて考察するとき,その詩は豊かな示唆とともに,力強い勇気を与えてくれる。「わたしと小鳥とすずと」から著名な一節を引こう。

　　すずと,小鳥と,それからわたし,
　　みんなちがって,みんないい。[6]

音を出す「すず」,飛ぶ「小鳥」,そして走る「わたし」。なるほど,それぞれに,それぞれの良さがある。では人間は。私たちは「みんなちがう」。だが実際には,残念ながら「みんないい」というにはほど遠い。みすゞは自然界を基に,そのエコロジーの世界から人間の世界に,つまり偏見や不平等な人間社会にメッセージを送ってきたように思える。「違う」ということ,そして「いい」ということ,そこに溝があり,私たちはそれを埋めねばならない。まず確認したい。「人間」は,エコロジカルな循環のなかに,つまり,生誕は,人間よりも先にある「生物多様性」の自然的世界に登場することなのだ,と。自然界から見れば,人間は自然の破壊者であるが,人間にとって自然界は生命の源であり,人間の創造能力を超えた本質である。

さて,2010年10月11日から名古屋市で,国連の「生物多様性条約第10回締約国会議(COP10=名古屋会議)」が開催された。この条約には世界の

193の国・地域が加盟し，したがってその国際的な取り決めは最重要な意義を有する。生物多様性がなぜ重要なのか，そのエコロジカルな特質について少し説明が必要と思う。人びとはメディアの報道を追いながら，それでも，多くの人はこの生物多様性保全の意義を理解しにくい。その資源の開発利益と資源の保全とを，天秤にかける議論であったからであろう。生物多様性の保全とは，より端的に言えば，農薬でミミズを殺すな，と言うことである。地球上には人間を含めて多様な生命が育まれている。現在明らかになっている生物は約1750万種，未知の生物を含めると約3000万種におよぶと言う。私たち人間は生命を創れない。生命は自然の恵みである。だから，生命の限界が人類の限界でもある。個々の人間は道具によって自己の身体の限界を越えて成長してきた。でもその成長は，自然のエコロジカルな循環の外に出ることはできない。なぜか。エコロジカルな循環は人間の創造したものではないからだ。

　同時に，人間は多様である。それは人間がそうあろうとしたわけではなく，自然界の種として創造されたからである。その点では人間と他の生物とに差異はない。私たちはお互いに違い，遺伝的に，種として，群集・生態系として多様である。多様でありながら，人間としては「一つ」であり，人として互いに対等である。だから，人間は「多」にして「一」，と表現できるのである。そのストーリーに注目したい。ここが少し難しい。人間の尊厳は，人間が人格である，という存在のあり方によって与えられている。そのように言えるのは，「人間は」という主語を置くからである。本来，権利・義務の主語は「人間」であり，「国民」ではない。

　「日本国憲法」(1947年) は，「日本国民は」という主語から書き始めている。これでは，国内で生活する，日本国籍を持つ「国民」と他国籍の人とのつながりを妨げる。ちなみに，1789年の「フランス人権宣言」では，「人は生まれながらにして，自由かつ平等である」[7]，という理念を掲げた。戦後ドイツの「ドイツ連邦共和国基本法」(1949年) においても，「人間は」という主語を置く。障害のある人の国連権利条約では，「障害のある人」が主語である，

第8章　共生から新たな公共性の形成へ　　123

それは当然のことだ。以下に，比較参照のためにドイツの「基本法」と日本国憲法とを掲げよう。

> 人間の尊厳は不可侵である。これを尊重し，かつ，保護することは，すべての国家権力の義務である。(「ドイツ連邦共和国基本法」第1条〈人間の尊厳，人権，基本権の拘束力〉)

> 日本国民は，恒久の平和を祈願し，人間相互の関係を支配する崇高な理想を深く自覚するのであって，平和を愛する諸国民の公正と信義に信頼して，われらの安全と生存を保持しようと決意した。(「日本国憲法」前文)

　生物多様性に話題を戻そう。生物多様性では生物が多様である，というだけでなく，それぞれの種が「共生」によってその多様性を支えている。私はこの自然界の「共生」に多くを学ぶ。海洋を例にとろう。そこには，動物プランクトンなどの微小生物から小，中，そして大きな魚が，相対的に大きなものが小さなものと食すことで，生命の循環が組み立てられている。その微小な生物が化学物質に暴露されると，それは体外に排出されずに「食の連鎖」をのぼって凝縮され，大きな動物の体内に蓄積される。一見すると透明で美しい海水のなかで，工場から排出された有機水銀が，魚を経由して濃縮し，それが最終摂取者の人間を襲った。水俣病事件のことだ。共生は人間と人間との間だけでなく，人間と自然界との間においても不可欠である。つまり，人間的生活はエコロジカルな循環のなかで認識されねばならないのである。

　人類という種の「孤立」は社会，つまり文化の問題である。自然と文化を橋渡しする，その概念を共生としたい。この章では「つなぎ」が課題である。自然は家族，文化は社会，その家族と社会との間を行きつ戻りつつ，人は成長する。自己とは他者あっての自己である。ということは，当たり前であるが意識されにくい。私たちはみんなのなかに生まれ，死はみんなから離れる

ことである。だから私たちは共に生きているのだが，それは見えない。「共生」ということを改めて問う意識がここにある。それは，自己よりも他者が先にある，という認識である。これが「共生」の基本思考である。他者があってこそ，自己がある。この思考がきわめて重要な岐路になる。ここから「共生」という課題に接近したい。

4　共生と新たな公共性

　公共性の必要性やその空間としての性格については，すでに第2章で提示したので，ここでは公共性という空間における一人ひとりの言論と活動について考察することにしよう。私たちは，私的空間と公的空間の間を行き，そして戻り，と繰り返しながら個々の力を形成し，その力を強めるのだ。私的と公的との空間的な区別は，一人ひとりの生活においては内的緊張を強いるものとなる。その強いストレスは，時として，精神的疾患を引き起こす。出かける場としての公的空間には，労働の場がある。

　人間は生命を維持し種を存続させるために，労働共同体を組織した。組織のなかには，そこに相互扶助の機能も用意することもあった。産業革命以降は工場労働者としての禁欲的倫理が要求された。その工場労働の弱点は，禁欲的に，単純労働に適応できない人を排除することである。つまり，今日の情報社会においてもIT環境に適応できない人，たとえば中高年者，女性，さらに障害のある人などは労働の世界から放逐される。国民国家という共同体は，科学技術で武装された労働の世界を中心に展開している。

　労働共同体は，「利害（＝inter-est）」というものの介入でつながれる社会関係である。そして企業では労働の指揮は，命令と実行という縦の社会関係を形成する。ここでは，連帯を基盤とする労働組合が形成されなければ，労働の世界は縦の関係のなかで進行する。「つなぐ」という今日的課題は，横へ，人間の鎖のように手をつなぐことである。既成の共同体にはその可能性は薄い。

アレントはその課題に応えようとし、「公共性」の意義を高揚した研究者の一人である。

> むしろ労働こそ、反政治的な生活様式である。なぜならこの労働という活動力では、人間は世界とも他人とも共生せず、ただ自分の肉体とともにあって、自分自身を生かし続けるための必要とむかい合っているからである。なるほど、「労働する動物」も、他人との共同のなかで生きている。しかしこの共同性には、真の多様性の特徴がなに一つない。(8)

この小さな文節に重要なキーワードが織り込まれている。
「共生」と「多様性」である。

ロボットは形態や色彩を同じにして、理屈上は大量に造りうる。エコロジカルな循環で生きる人間には、同じ人格の人は現在でも過去・未来にも現われない。だから、多様性である。だが、身体を活かすというだけを目的にすれば、お互いの生きるため闘いが生まれる。「万人の万人に対する闘い」である。その「闘い」を「共生」に組み替えること、そこに共生から公共性への橋渡しを必要としている。

同じ多様性とは言っても、自然界のそれとは人間社会の多様性は異なる。私たちは一人ひとり異なる身体と人格をもつ。人間は出生の度に、新しい人格をもつ、したがってユニークな文化をもつ人が現われる。だが人は生まれながらに自由かつ平等である。人間として多様でありつつ、人として平等の権利を持つのだ。だから、異なる文化をもつ人がお互いに、対等に向き合うことができる。お互いの文化を持ち寄り、言論と活動によって形成する空間、それが共生を基盤とする新たな公共性である。

人と人との「つなぎ」は眼に見えるものではなく、集まったり、話あったり、あるいは宣言を記したり、そうした社会的行為のなかで見出されるものである。アレントの表現を借りよう。

人間事象の領域は，人間が共生しているところではどこにも存在している人間関係の網の目から成り立っている。言論による「正体」の暴露と活動による新しい「始まり」の開始は，常に，すでに存在している網の目のなかでおこなわれる。そして，言論と活動の直接的な結果も，この網の目のなかで感じられるのである(9)。

それは，網の目を結び目として形成される「ネットワーク」である。だから，言論と活動，つまり社会的行為が消えれば，そのネットワークも消滅する。

人と人のつながりは，出会う機会がないと消滅の危機に瀕する。でも，その呼びかけに参加できない人は多い。参加しないと排除される。参加できる人はいつも限られ，どの会でも参加者は同じメンバーに偏る。「共同体」は内と外を区分しつつ組織化される。

そこで，共生という概念を基底として新たな公共性を構想し，その機動力たる倫理を「添いの知」に委ねようというのである。他者を排除しない，孤立に陥らない，そうした共生の関係を形成できないだろうか。共生が生活世界から発信しながら，自治体を越え，国境を越えて横に拡がる，そういう共生のありかたである。私たちが両手を拡げ，お互いにその手を握り限りなくその輪を拡げることができたら，いままでになかった文化を創造できる。

ここで，「社会関係」（＝つなぐ）の視点から関係のありかたについて，少し理論的な整理をしておきたい。社会関係には「共同社会関係」と「利益社会関係」がある，とドイツの社会学創始者のマックス・ヴェーバーは定義している。彼は19世紀の中葉から20世紀初めにかけて，自国のワイマール共和国の崩壊を目前に，ロシア帝国から社会主義ソ連の誕生を見据えつつ，生まれるもの滅びるもの，延命するものを「社会的行為」というカテゴリーで整理しようとした。

共同社会関係は，「感動的な，または情緒的な，または伝統的な基礎のいずれかにもとづきうる」が，家族共同体がもっともその類型に相応しい。他方，利益社会関係は，利害（inter-est）に挟まれる社会関係であり，典型的

には「お互いの約束による合理的協定にもとづきうる」。[10]

　共同社会関係がより直接的な人格的関係であり，利益社会関係は「利害（＝物のある）」に動かされる関係である。生活世界では「物」や「お金」を介してひとがつながる日常を経験する。東京での電話相談に寄せられた事例では，子どもに生前相続したお年寄りがその子どもから見放された，という。親は子どもをお金でつなごう，としたのではないかと疑う。お金でつながった関係はお金が消えると関係も消える。同様に，物でつながる関係はその物が無くなれば，関係も消える。人と人との直接的な関係ではどうか。両者をつなぐ共属意識が鍵を握る。

　抽象的な議論が続いた。直接的な人格的な社会関係，その共生型を特徴とする社会的運動を取り上げよう。それは，公共性での活動が「エリート」や「知識人」の負うもの，という誤解を解くためでもある。

セルフヘルプ運動

　当事者活動の種類と範囲は地域のいずれにおいても進展しているが，それはドイツ語で「Selbsthilfe」（＝ゼルプストヒルフェ）と表現されている。英語圏では"selfhelp"であるが，日本語に訳すと「自助」となる。これは誤訳。「自助」「共助」「公助」と並べられると，まるで意味をなさない。そのことはいずれ理解をいただけるであろう。ここでは，英語で「セルフヘルプ」活動と表現することにしょう。

　2001年10月，南ドイツバイエルン州の大学町エアランゲン市において，「セルフヘルプグループ集会」が開催された。参加グループは41団体，それぞれのグループが活動をプレゼンし市民に参加を呼びかけるためである。主催はミッテルフランケン社団法人である。日本でいう，地域のNPO法人に相当する。参加団体は登録団体の10分の1以下であり，多様な活動が展開されている。さて，開催通知に盛り込まれた「セルフヘルプ」活動，その特徴点を要点のみ列記しよう。

　①人は一緒であれば多くのことが得られます。共に，問題や経験を共有し，

解決を求め新たな道を模索します。そのための例会を開催します。それは共生（Gemeinschaft）組織です。もう，あなたは孤立をしていません。
② 参加は自発的なものです。その当事者が自分自身の意思において活動をします。参加者はすべて同じ権利を持ちます。
③ 他者からのサービスは期待しないでください。参加者にとっての唯一の前提は，意思がアクティブであることです。自分自身のために何がなされるべきか，その活動が基本です。

この地区のセルフヘルプグループは420以上のテーマに分かれており，大きな分類では以下の通りである。
- 一般的問題（不安，悲痛，介護家族など）
- 依存症問題（アルコール，薬物など）
- 女性／男性（同姓愛，健康，心理セラピーなど）
- 保護者（子どもの喘息，注意力障害，障害のある子など）

　その他，障害のある人，皮膚病，内部障害，腫瘍，神経医学的，精神医学的などがある[11]

では，ドイツにおけるセルフヘルプグループの位置づけについてである。『都市・郡・市町の機能』という事典では，以下のように趣旨を記述する。「セルフヘルプは社会扶助（日本では生活保護），自治体のソーシャルワークと同様に，重要な作業形態」である，という[12]。

セルフヘルプは当事者主義，という点で社会福祉（＝ソーシャルワーク）の担い手である，と同時に社会運動の推進者である。その社会運動は，自然環境保全や権利擁護，あるいは被災者支援運動とともに公共性での活動を構成している。

　　活動と言論は，それに参加する人びとの間に空間を作るのであり，その空間は，ほとんどいかなる時いかなる場所にもそれにふさわしい場所を見つけることができる[13]。

言語はかならずしも音声言語として発音される必要も，まして文字言語として書き記される必要もない。われわれの意識それ自体が，すでに徹頭徹尾言語的な構造をもっている。なにかを意識することは，それを言葉で表現することと権利上完全に等価である。[14]

5　添いの知と科学の知

　他者と意思を通じ合えること，それが他者へつなぐことである。お互いに自己主張が明確であれば，意思疎通は得やすい。だが，一方にあるいは双方に記憶や言語に障害があるとお互いの意思の交換は難しくなる。とくに，重い障害のある人の意思を問う場合においてである。

　ヨーロッパの認知症ケアの現場においては，「パーソン・センタード・ケア（Person-Centred Care）」が，認知症ケアに新しい文化を持ち込んだと受け止められている。この件は第7章においてとりあげたが，以下に要諦を再述し，科学の知との対照とする。その創始者は故トム・キットウッド（Tom Kitwood），イギリスのブラッドフォード大学教授である。彼は1986年に同大学に認知症研究グループを設け，その研究において認知症のある人とケアする人との人間関係を重視し，カール・ロジャースの精神・心理療法での「パーソンセンタード」，という用法を引き継いだ，と言われる。[15]

　パーソン・センタード・ケアは，認知症ケアの福祉の現場だけではなく，その思考と実践は私たちの社会形成にも大きな影響を与えうる，と私は思う。その衝撃的な現われ方は，旧文化への対抗としての新文化推進力としてのものであり，旧文化の「医学モデル」に対抗する「生活モデル」の体現としてである。そのパーソン・センタード・ケアの魅力性を，本章の主題たる「添いの知」と関連づけながら，その一端ではあるが，丁寧に読み解きたいと思う。

　パーソン・センタード・ケアは，その理念の実践において「DCM：認知症ケアマッピング（＝Dementia Care Mapping）」の研修制度を備えている。

それは認知症ケアの現場で働くスタッフの養成を目的としているが，さらにその研修講師（＝認定トレーナー）を設けて，その理念の正確な継承を図っている。ここには，パーソン・センタード・ケアがスタッフの質，つまり現場での言語や活動など，総体としての態度を重視していることが示されている。介護の質は介護者の質にかかる，という一般的な経験に対して，パーソン・センタード・ケアは，旧文化から新文化への転換を要求するのである。そこに，この理念の迫真力と革新力の鍵がある。そこで，水野裕の解釈に従いつつ，二つの文化を分ける境界に視線を投げかけ，分けることの意義を明らかにしよう。

①パーソン・センタード・ケアのキーワードに「パーソンフッド（＝personhood）」がある。「その人らしさ」と受け止められているが，わが国のケアの現場では「その人らしさ」が尊重されることだ，と理解されている。だが水野はそれだけではない。ケアは排泄や入浴などの「介護」だけではない。認知症のある人の能力を引き出し，自ら創造的な活動を促すことだ，と断じる。それは，認知症のある人を生涯にわたって，人間としての成長を支えることなのである。

②認知症のある人は，すべての人と同様に人格をもつ主体である。医学は，認知症のある人を患者として，治療の対象とみなす。それは，脳を肉体と切り離し，脳の神経障害を中心に診断＝認識することである。医学は科学を標榜するが，それは「科学の知」の特性を有している。その「心身分離」に対する，「心身の一体性」，そこにパーソン・センタード・ケアの立脚点がある。

③水野は，脳の神経障害が認知症の混乱を引き起こすのではない，旧文化のケアや認知症のある人の社会的環境を原因とする。旧文化はケアマニュアルでみんな「平等」に扱うこと，新文化は，私の表現では他者が先，他者の個性・文化・望みにあわせることである。水野の表現はこうだ。「みんなを特別扱いしてください。みんな違うのですから」(16)

④人間の社会関係としての対等性。難しい表現になってしまった。トム教

授の表現が的確である。「ケアというものは，できない人に一方的に与えられる行為ではなく，認知症の人たちのやろうという気持ちや，その能力があってこそ成り立つプロセス」という。ここでも，他者への名前での話しかけが先，そして話のなかから行動を引き出すことなのである。

パーソン・センタード・ケアの提起する文化の転換のなかで，とくに私が注目しているのは，心身の分離から心身の統合，つまり自然としての人間の身体を重視することである。その思考が，一人ひとりの不可侵にして譲れない人格の尊厳，という実践に方向づけられる。と同時に，患者として治療の「対象化」されない，つまり患者ではなく一人の人間的生活として添われることである。

西欧イギリスにおいて，人間的生活の地平から，「科学の知」が生活モデルに対抗されて提唱された。西洋近代はその科学信仰のもとに成長を続けてきただけに，当のイギリスから科学批判が登場するのは衝撃的である。もちろん，科学そのものの全否定でないのは当然のことであり，それは非現実的である。では，科学のどのような点が問題化されるのであろうか。少し顧みて検証しよう。

科学，つまり英語での「science」は，14世紀に「知識」という意味で使われ始めた。現在の用法に近づいたのは，19世紀になってからである。つまり，経験の知のなかで「科学の知」が，実際的知識に対する理論的知識，具体的には慣習的知識に対する実験・実証の知識として分離され，限定的な用法として成立する。科学の知から外された経験の知は，芸術・政治・社会・宗教などの分野の学問を特徴づける。経験の知と対照化される科学の知の特質は，客観的であり，実験的，そして系統的理論を備えることである。19世紀半ばのイギリスでは，生物学・化学・生物学などが自然科学として認められた。その後，科学に名乗りを上げたのが，理学・工学・医学，さらに社会科学，近年では人間科学，そのうち社会福祉科学が登場するかもしれない。

科学の基本的な立脚点は，対象化と実験，そして証拠（evidence）の確保

である。人間を科学の対象に据える時には、人間は「素材」として、客観的な「もの」でなければならない。人間が客観化されるには客観化する人がいる。「措置」の時代では福祉の対象という表現はごく普通に、今日でもしばしば使われている。対象化されるとは、実験・操作・管理などの「客体」という意味である。

　先端の科学技術を組み込んで産業革命を世界に先んじて成し遂げ、奴隷市場を伴いつつ世界市場を拓き、「救貧法」による浮浪者を工場労働者として引き込み、禁欲的労働に適応できない「異常者」を共同体のそとに排除した。そのイギリスにおいての主張だけにスリリングである。ナチスドイツでは、1940年初頭から41年8月までに殺害された精神障害者は7万273人である。このナチスの「安楽死」作戦に優生学・医学・遺伝学の多くの学者や大学教授が賛同し協力したこと、科学が果たしたその役割も記憶に留めねばならない。

　トリエステでのバザリア医師の精神病院解体に向けた社会運動を思い起こす。その最初の試みは医師たるバザリアを「先生」と呼ばせず、看護師と患者の間も対等になるように仕向けた。医療現場での人間関係に支配-被支配が築かれるのには、「科学」が精神的根拠づけに寄与している。

　私たちは人間としての人格であり、常に「主体」でなければならない。障害がある人、失業給付を受けている人、さらに生活保護を受けている人など、すべての人が権利と義務を有する人格である。人が人格として遇される「知」のありかたが問われる。だから私は、「科学の知」に対して、「添いの知」を据えるのである。添い知は、福祉現場の先進的なソーシャルワークのなかで学ぶことができる。その「添いの知」が、人と人をつなぐ基本的な言語と活動のありかたと思うのである。

　　事物の世界がそれを共有している人びとの真中にあるということを意味する。つまり、世界は、すべて介在者と同じように、人びとを結びつけると同時に人びとを分離させている。[18]

二つの事例を紹介しよう。一つはネットワークづくりの住民集会での発言である。一人暮らしの女性高齢者，尋ねてもドアを開けない，電話にもでない，近くに親族もいない，もしもの時を予測して近隣の人が気にかけるが，当人は「余計なお世話」という生活を続ける。ある女性の報告。買い物などにでかける時，いつもあいさつをしました。返されるあいさつがなくとも，会うたびに必ずあいさつを欠かしませんでした。ある日あいさつすると，初めて「にっこり」の表情が返ってきました。一方的なあいさつ，それが他者とつなぐ道筋となりました。重要な知見です。

　二つ目は，「宅老所よりあい」のスタッフにインタビューした時の返答である。私はこう質問した。「宅老所よりあい」ではスタッフはできるだけ手をださない，ではケアの専門性をどう理解すればいいのか。生活指導員の平恭子は「お年寄りに学びます」と答えた。自己からではなく，他者が先にある。その他者への責任として，世話が組み立てられる。その他者とは，すでに病状が進行し自己主張の適わぬ認知症のあるお年寄りである。「つなぎ」をつける，今日では，地域，職場，さらに家族の関係が切れてしまい，「つなぐ」という意図的な言論と活動が必要とされるのである。

　「つなぐ」に関する重要な点は，他者が先にある，という認識である。自己が先という「科学の知」では「つなぎ」はできない。つなぐとは，横に，両手を開いて他者と手をつなぐことである。だから，命令‐従属という「科学の知」では横に展開はできない。「科学の知」，医療では医師の前に患者が座り診断と指示を受ける。「添いの知」とは，他者の横に座り耳を傾けることである。他者の身体が活動，たとえば発言したり移動いたり，その主張に添うのである。

　多様性の人間世界だからこそ，他者が先，という経験が重要である。その他者の横に座り耳を傾けると，他者の思いが空気の振動で私に伝わってくる。横へ横へとつながっていき，地方的公共性を通り抜けて国境を越えて，さらに横へとつなげたい。

注

■第1章
（1）橋本孝『奇跡の医療・福祉の町 ベーテル――心の豊かさを求めて』西村書店, 2009年, 100頁。
（2）坂本雅子「〈活動報告〉市民がつくる社会的養護・子どもの村福岡」未定稿, 2010年。
（3）児童福祉法, 第41条。児童福祉法では「満18歳に満たない者」を「児童」と呼ぶが, 本書では18歳未満の人を「子ども」と称する。児童では保護される者, というイメージが強く, 権利の主体としての子ども, というメッセージを届けにくいからである。喜多明人・森田明美・広沢明・荒牧重人編『［逐条解説］子どもの権利条約』日本評論社, 2009年, 47 - 54頁を参照。
（4）「社会的養護に関する現状データ」（http://www.mhlw.go.jp/shingi/2003/10/s1027-8d.html）
（5）「2004年度では入所児童3万3485人のうち62.1％が虐待を受けた子ども」（『［逐条解説］子ども権利条約』日本評論社, 2009年, 131頁）。
（6）武藤素明「地域小規模児童養護施設における実践と課題」（『子どもと福祉』Vol. 3, July 2010, 23頁）。
（7）『［逐条解説］子どもの権利条約』前掲, 137頁。
（8）橋本孝, 前掲書。
（9）経済企画庁国民生活局編『海外におけるNPOの法人制度・租税制度と運用実態調査』大蔵省印刷局, 1999年,「ドイツ」に関する131頁以下を参照。
（10）2010年10月29日,（財）ベーテル本部内でのインタビュー記録に拠る。
（11）同上。
（12）Gilles Rondeau「エンパワーメントとソーシャルワーク実践, もしくはソーシャルワークにおける力の問題」（カナダソーシャルワーカー協会編『ソーシャルワークとグローバリゼーション』日本ソーシャルワーカー協会国際委員会訳, 相川書房, 2003年）175頁。

■第2章
（1）大野晋『日本語をさかのぼる』岩波新書, 1974年, 172 - 173頁

（2）　同上，9頁。
（3）　2010年9月に，中国西安市の街角において，子どもたちの「かごめかごめ」遊びを観察した。この手をつなぐ遊びは日本固有のものではないかもしれない。
（4）　ルイス・フロイス『ヨーロッパ文化と日本文化』岩波書店，1991年，187頁。
（5）　同上，190頁。
（6）　大野晋，前掲書，172頁。
（7）　同上，173頁。
（8）　加藤周一『日本文化における時間と空間』岩波書店，2007年，161頁。
（9）　セネット『公共性の喪失』晶文社，1991年，31‐32頁
（10）　Max Weber, "Typologie der Stäte," *Wirtschaft und Gesellschaft*, 5. Revidierte Auflage, J. C. B. MOHR, Tübingen, 1972, S. 747（『都市の類型学』世良晃一郎訳，創元社，1964年，96頁）。
（11）　同上，訳註，61頁。
（12）　同上，96頁，一部改訳。
（13）　土旧武史『ドイツ医療保険制度の成立』勁草書房，1997年，さしあたり，23‐110頁参照。
（14）　共同通信社調査結果（『西日本新聞』2009年1月27日付）。
（15）　早瀬学「ボランティア」『エンサイクロペディア社会福祉学』中央法規出版，2007年，596‐599頁。
（16）　J. ハーバーマス『公共性の構造転換』[第2版] 細谷・山田訳，未来社，1994年，46頁。
（17）　ドイツにおいては，たとえば環境政策の策定に環境NGO/NPOの協働が法制度において定められている。たとえば，大久保規子「ドイツ環境法における協働の原則——環境NGOの政策関与形成」（『群馬大学社会情報学部研究論集』第3巻，1997年）を参照。
（18）　インゲ・カール他共編『地球公共財——グローバル時代の新しい課題』国際開発研究センター訳，日本経済新聞社，1999年を参照されたい。
（19）　J. ハーバーマス，前掲書，xxxix頁。
（20）　長谷川公一『環境運動と新しい公共圏』有斐閣，2003年，拙著『質を保障する時代の公共性』ナカニシヤ出版，2004年を参照されたい。
（21）　経済企画庁国民生活局編『海外におけるNPOの法人制度・租税制度と適用実態調査』大蔵省印刷局，1999年。

■第3章

（1） 水俣病50年取材班『水俣病50年――「過去」に「未来」を学ぶ』西日本新聞社，2006年（平成18年），183頁。
（2） 原田正純『水俣への回帰』日本評論社，2007年，35頁。
（3） 『熊本日日新聞』1954年8月1日付，および『水俣への回帰』214頁を参照。
（4） 原田正純『宝子たち――胎児性水俣病に学んだ50年』弦書房，2009年，26頁。
（5） 原田正純，前掲書，36頁。
（6） 原田正純，前掲書，36 - 39頁。
（7） ダイオキシン・環境ホルモン対策国民会議・予防原則プロジェクト編著『公害はなぜ止められなかったか――予防原則の適用を求めて』ダイオキシン・環境ホルモン対策国民会議，2005年，9頁。
（8） T. Colborn, D. Dumanoski, J. Peterson Myers, *Our Stolen Future: Are We Threatening Our Fertility, Intelligence, and Survival? A Scientic Detective Story*, c/o The Spieler Agency, New York. 1996（長尾力訳『奪われし未来』翔泳社，1997年）。
（9） ダイオキシン特別措置法は，1999年7月に制定された。その法制化を促したのは，NPO法人ダイオキシン・環境ホルモン対策国民会議の大きな貢献である。関連して，『食品のダイオキシン汚染――ダイオキシンから身を守るために』ダイオキシン・環境ホルモン対策国民会議・食品プロジェクト編・著，発行，2003年を参照されたい。
（10） 森千里は，子どもへのホルモン作用撹乱物質の影響を，世界的な事件の事例や実験・試験について紹介し，化学物質への暴露を警告している。そのなかで，「ヒトの胎盤構造はサルに近いが，ネズミとはいくぶん異なる」とし，ネズミでの試験中心の安全性の立証に再検討を求めている。同氏著『胎児の複合汚染――子宮内環境をどう守るか』中央公論新社，2002年，とくに118 - 122頁を参照。
（11） 宮田秀昭『ダイオキシン』岩波書店，1999年，161 - 162頁。
（12） Rachel L. Carson, *The Sea Around Us*, Oxford Publiser, 1963.（『われらをめぐる海』日下実男訳，早川書房，1977年，21頁）。
（13） 水に焦点を当てたエコロジカルな循環については，拙著「水循環と公共性――ドイツの水環境政策に学ぶ」（『西日本社会学会年報』第4号，2006年，所収）を参照。
（14） R. カーソン『われらをめぐる海』前掲，30 - 31頁。
（15） Hubent Weiger/Helga Wilber (Hrsg.), *Naturschutz durch tikologischen Landbau*, Deukalion, 1997, S. 36.（中村英司抄訳『自然保護と有機農業』農政調査委員会，2000年，22頁）。H. ヴァイガーによれば，「自然保護戦略の中核としての有機農耕」として以下の3項目を掲げる。

①有機農耕がもつ農業政策上の重要性
　　②有機農耕の食料政策上の重要性
　　③自然保護における有機農耕の意義
　　「有機農業による自然保護」（Hubert Weiger/Helga Willer, Hrsg.）"Naturschutz-durchökologischen Landbau", Deukalion, 1997, S. 36, 中村英司編抄訳,『自然保護と有機農業』[財]農政調査委員会, 2000年所収, 22‐32頁を参照
（16）福士・四方・地林『ヨーロッパの有機農業』家の光協会, 1992年を参照されたい。
（17）拙著『質を保障する時代の公共性』ナカニシヤ出版, 2004年, 130‐134頁。
（18）大竹千代子・東賢一『予防原則』合同出版, 2005年, 17頁。
（19）同上, 25頁。
（20）同上, 27頁。
（21）加藤尚武『環境倫理学のすすめ』丸善ライブラリー, 平成3年, 35頁。
（22）外務省「EUの新たな化学物質規制（REACH規制案）の動向」(http://www.mofa.go.jp.2007/05/23)

■第4章
（1）Pierre Rosanvallon, *lanouvellequestionsociale: Repenser l'Etat-providence*, Editionsdu Seuil, 1995, p. 178‐179,『連帯の新たなる哲学――福祉国家再考』北垣徹訳, 勁草書房, 2006年, 187頁。
（2）『毎日新聞』2009年9月3日付「特集　少年の一言がきっかけだった」。
（3）同上。
（4）坂寄俊雄『社会保障　第二版』岩波書店, 1974年, 174頁。
（5）西原道雄編『社会保障法　第4版』有斐閣, 1999年, 149頁。
（6）同上, 150頁。
（7）同上, 149頁。
（8）同上。
（9）同上, 150頁。
（10）U. Beck, *Risikogesellscaft-Auf dem Weg in eine andere Moderne*, Suhrkamp Verlag, 1986（東兼・伊藤美登里訳, 法政大学出版局, 1989年）。なお, 長谷川公一「リスク社会という時代認識」（『思想』No. 963, 2004年7月号, 所収）は, ベックの「リスク論」を簡潔に説明している。
（11）Peter. L. Bernstein, *Against the Gods*, New York, 1996（『リスク――神々への反逆』青山謙訳, 日本経済新聞社, 1998年, 294頁）。
（12）『リスク』前掲, 306‐307頁。

(13) レイモンズ・ウィリアムズ『キイワード辞典』晶文社，1980年，397頁。
(14) P. Rosanvallon, *La Nouvelle Question, Sociale*, p. 26,『連帯の新たなる哲学』21頁。
(15) 井上隆三郎『健保の源流──筑前宗像の定礼』西日本新聞社，1979年を参照。
(16) 坂寄俊雄，前掲書，141頁。
(17) 同上，132頁。
(18) 同上，127頁。
(19) 加藤周一『日本文化における時間と空間』岩波書店，2007年，192頁。
(20) 『日本経済新聞』2007年1月22日付朝刊。
(21) ドイツ連邦労働社会省編『ドイツ社会保障総覧』ぎょうせい，1993年，1‐2頁。
(22) P. Rosanvallon, op. cit., p. 179, 邦訳，187頁。
(23) P. Rosanvallon, op. cit., p. 189, 邦訳，197頁。

■第5章
（1）『朝日新聞』2008年12月5日付，一部変更。
（2）「障害者の権利に関する条約」大阪ボランティア協会編『福祉小六法2010』中央法規出版，2009年。
（3）「在宅における福祉用具の活用と在宅改修事例」(福岡県立大学生涯福祉研究センター研究報告叢書『ライフ・サポート』Vol. 11, 2001年3月) における事例を参照している。
（4）同上，7頁。
（5）全国社会福祉協議会完訳『ADA障害をもつアメリカ国民法』全国社会福祉協議会，1992年，6頁。
（6）山内繁「"Assistive Technology"をめぐる混乱」(『日本生活支援工学会誌』Vol. 7, No. 1, 2007年，所収)。
（7）末田統・奥英久「用語「Assistive Technology」について」未定稿，1998年。
（8）障害者福祉研究会『ICF 国際生活機能分類──国際障害分類改訂版』中央法規編出版，2002年，16‐17頁。
（9）同上，16‐17頁。
（10）詳細については，春名由一郎「WHO 国際障害分類（ICIDH）の改訂」(『精神障害とリハビリテーション』Vol. 5 No. 1 2001年6月，所収) を参照。
（11）中村優一・板山賢治監修，三ッ木任一編『続 自立生活への道』全国社会祉協議会，1988年，306-307頁。
（12）同上，303頁。

（13）『ICF 国際障害分類』前掲，303 頁。
（14）大阪ボランティア協会編『福祉小六法 2010』中央法規出版，2009 年。
（15）「日本国憲法」『福祉小六法』前掲，1 頁。
（16）「1789 年の人々には，人間および市民の宣言が，フランス人のみに留保されているという考えが抱かれていなかった。——革命派は自由と平等が人類の共有財産であると考えていたのである。」（ルフェーブル『フランス革命』鈴木泰平訳，世界書院，1952 年，262 頁）。

■第 6 章

（1）佐藤春夫『小説　智恵子抄』角川文庫，1962 年，以下の内容は同書に負う。
（2）同上，141 頁。
（3）同上，143‐144 頁。
（4）同上，152 頁。
（5）小林司『精神医療と現在』日本放送出版協会，1972 年，46 頁。
（6）同上，46‐47 頁。
（7）同上，38‐43 頁。
（8）岡田靖雄『日本精神科医療史』医学書院，2002 年，詳細は 4 頁以降を参照のこと。
（9）1902 年に呉の提唱で，「精神病者慈善救治会」が精神病者への慈善事業と精神衛生の啓発を目的として設立された。小林司，前掲書，43 頁を参照。
（10）日本精神保健福祉士協会編『[第 3 版] これからの精神保健福祉』へるす出版，2003 年，15 頁。
（11）精神保健福祉行政のあゆみ編集委員会『精神保健福祉行政のあゆみ』中央法規出版，2000 年，49‐50 頁参照。アメリカから専門家を招請し，「在宅医療」の推進や「精神衛生相談所」の開設などの助言を得ていたのである。
（12）日本精神保健福祉士協会，前掲書，41 頁。
（13）同上，41‐60 頁を参照。
（14）大熊由紀子他共編著『精神保健福祉論』ミネルヴァ書房，2008 年，73‐74 頁，参照。
（15）同上，40 頁。
（16）トリエステ精神保健局『トリエステ精神保健サービスガイド』小山昭夫訳，現代企画社，2006 年，103 頁。
（17）同上，104 頁。
（18）同上，110 頁。
（19）同上，108‐112 頁。

（20）　大熊一夫『精神病院を捨てたイタリア捨てない日本』岩波書店，2009年，92頁。
（21）　同上。
（22）　浦河べてるの家『べてるの家の「当事者研究」』医学書院，2005年，64－66頁。
（23）　同上，71頁。
（24）　同上，266頁。
（25）　「精神科病院の「文化」と「ルール」」（『精神科医療』21－34頁）
（26）　M. フーコー『狂気の時代』中央公論社，528頁。

■第7章
（1）　越智須美子・越智俊二『あなたが認知症になったから，あなたが認知症にならなかったら』中央法規出版，2009年，99頁。
（2）　同上，60頁。
（3）　日本医師会会員の倫理向上に関する検討委員会「医の倫理綱領　医の倫理綱領注釈」2000年2月，「答申」。
（4）　小澤勲『認知症とは何か』岩波書店，2005年。
（5）　同上，16頁。
（6）　同上。
（7）　同上，2－3頁。
（8）　社会的サービスでは，地域障害者職業センター，障害者福祉サービス事業所，地域包括支援センターなどが相談に応じる。直近の情報としては，「認知症と生きる」『週刊東洋経済』2010年4/10特大号を参照。
（9）　「社会的」という用語は，古代ギリシアではなく古代ローマ起源のものという。「社会的領域」の出現は近代国民国家の成立期，その国家および経済的なものと対抗しつつ形成された。ハンナ・アレント『人間の条件』前掲，49頁。ピエール・ロザンヴァロン『連帯の新たなる哲学』前掲，とくに第1章参照。
（10）　以下，情報誌「特定非営利活動法人　たまな散歩道」，およびインタビューの情報による。
（11）　文科省科研費の海外調査助成（平成22年度，代表：豊田謙二）に基づく，ドイツでの認知症ケアの現地調査の一環である。
（12）　トム・キットウッド『認知症のパーソンセンタードケア――新しいケアの文化へ』高橋誠一訳，筒井書房，2005年，iv頁。
（13）　詳細については，スー・ベンソン編『パーソンセンタード・ケア』稲谷ふみ枝・石崎淳一監訳，クリエイツかもがわ，2005年，132－133頁参照。
（14）　下村恵美子「よりあって　おりあって――宅老所よりあい物語」を基に，筆者豊田

が構成したものである。
(15) エマニュエル・レヴィナス『他者のユマニスム』小林康夫訳，水声社，1990 年，79 頁。
(16) 宅老所よりあい「よりあい よりあい」，2005 年，Vol. 1, を基に豊田の構成。
(17) 豊田・黒木『宅老所よりあい 解体新書』雲母書房，2009 年を参照されたい。

■第 8 章

(1) Hannha Ahrend, *Konditions of Humann*, The University of Chicago Press, 1958, p. 98.（ハンナ・アレント『人間の条件』志水速雄訳，筑摩書房，1994 年，154 頁）。
(2) 斎藤孝『身体感覚を取り戻す』NHK 出版，2000 年，203 - 207 頁。
(3) Hannha Ahrend, op. cit., pp. 64 - 65, 邦訳，60 - 61 頁。
(4) 同上。
(5) 北九州市保健福祉局「いのちをつなぐネットワーク事業—ガイドライン—（案）」2010 年 7 月。
(6) 金子みすゞ『わたしと小鳥とすずと』JULA 出版局，1984 年，107 頁。
(7) 『国際条約集 2011 年版』有斐閣，2011 年。
(8) Hannha Ahrend, op. cit., p. 211, 邦訳 340 頁。
(9) Hannha Ahrend, op. cit., p. 183, 邦訳 298 頁。
(10) Max Weber, *Wirtschaft und Gesellscaft*, S. 21（『社会学の基礎概念』阿閉・内藤訳，角川書店，1973 年，69 頁）。
(11) *Regionalzentrum fuer Selbsthilfegruppen Mittelfranken e. V., Jahresbericht 2000*（『年報 2000』）Nürnberg.
(12) *Wie Funktioniert Das? Städte, kreise und Gemeinden*, Biblioqraphisches Institut, 1986.
(13) Hannha Ahrend, op. cit., p. 198, 邦訳 320 頁。
(14) 木村敏『時間と自己』中公新書，1982 年，176 頁。
(15) ドーン・ブルッカー「実践パーソン・センタード・ケアの刊行にあたって」水野裕『実践パーソン・センタード・ケア』ワールドプランニング，2008 年，7 頁。
(16) 水野裕『実践パーソン・センタード・ケア』ワールドプランニング，2008 年，51 頁。
(17) 同上，103 - 104 頁。
(18) Hannha Ahrend, op. cit., p. 53, 邦訳 79 頁。

社会政策社会福祉に関する略年史

年	日本	年	世界
		1601	エリザベス救貧法（イギリス）
		1763	救貧法（スウェーデン）
		1865	共有地，田園，遊歩道保存協会の設立（イギリス）
		1867	イーストライディング海鳥保護協会の設立（イギリス）
		1870	慈善組織協会〔COS〕（イギリス）成立
		1871	ビスマルクドイツ統一／ドイツ帝国成立
1874	恤救規則		
		1883	疾病保険法の制定（ドイツ）
		1884	災害保険法の制定（ドイツ）
			最初のセツルメント「トインビーホール」の創設（イギリス）
		1887	全米慈善・矯正会議〔ケースワーク〕（アメリカ）
		1889	病疾，老齢保険法の制定（ドイツ）
			鳥類保護協会の設立（イギリス）
		1895	ナショナルトラストの設立（イギリス）
		1906	学童給食法（イギリス）
			アメリカ労働立法協会の創立
		1907	学童保健法（イギリス）
			国際自然保護会議（パリ）
		1911	労働者災害補償法がワシントン州で制定（アメリカ）
			母子扶助法がイリノイ州で始まる（アメリカ）
		1912	児童局の放置（アメリカ）
		1913	国際自然保護諮問委員会の設置（スイス）
1917	軍事救護法		
		1919	婦人参政権の確立（スウェーデン）
		1920	ドイツ労働党が〔ナチス〕と改称（ドイツ）
1922	健康保険法の制定	1922	国際鳥類保存委員会の設立（イギリス）
		1924	児童保護法（スウェーデン）
		1929	大恐慌始まる

年	日本	年	世界
1932	救護法		
		1933	ルーズヴェルト大総領「ニューディール政策」(アメリカ)
1934	健康保険法の改正	1934	国際自然保護局の設立 (ベルギー)
		1935	連邦社会保障法 (アメリカ)
1938	国民健康保険法制定 社会事業法		
1942	国民健康保険法の大改正	1942	ベヴァリッジ報告 (イギリス)
		1944	社会保障者の設置 (イギリス)
1945	ポツダム宣言受諾	1945	家族手当法, 国民 (産業災害) 保険法 (イギリス)
1946	日本国憲法公布 生活保護法の制定・実施	1946	国連教育科学文化機関 (ユネスコ) の設置 国民保険法・国民保健サービス法 (イギリス)
1947	地方自治法 労働者災害保険法の制定 失業保険法, 児童福祉法の制定		
1948	民生委員法施行	1948	国民扶助法, 児童法 (イギリス)
1949	身体障害者福祉法の制定		
1950	新・生活保護法の制定 社会保障審議会「社会保障に関する勧告」		
1951	社会福祉事業法施行	1951	米国核実験計画開始
		1952	英国核実験計画開始
1953	水俣病の発生 (〜60年)	1953	家族問題省の発足, 児童手当の創設 (西ドイツ)
1954	第五福竜丸米国ビキニ水爆実験で被爆 厚生年金法施行		
1958	職業訓練法		
1959	最低賃金法 精神薄弱者福祉法 国民健康保険法の大改正 国民年金法の制定		
1960	身体障害者雇用促進法 国民年金制度発足		
1961	児童扶養手当法	1961	世界自然保護基金発足 レイチェル・カーソン『沈黙の春』出版
1962	「全国総合開発計画 (全総)」の閣議決定		
1963	老人福祉法	1963	部分的核実験禁止条約の調印

年	日本	年	世界
1964	母子及び寡婦福祉法		
		1965	ベトナム戦争激化（アメリカ）
1967	新潟水俣病・四日市ぜんそく患者提訴 公害対策基本法		
1968	大気汚染防止法，騒音規制法施行	1968	シーボーム報告「地方自治体と福祉サービス」（イギリス） ローマ・クラブの結成 知的障害者援護法（ノーマライゼーションの法制化）（スウェーデン） 精神科医バザーリア 「精神病院解体」の運動開始（イタリア）
1969	東京都公害防止法条例制定	1969 1970	「地球の友」結成（アメリカ） イギリス環境省発足 アメリカ環境保護局の発足
1971	水質汚濁防止法 廃棄物の処理及び清掃に関する法律（＝「廃掃法」）施行 東京ごみ宣言 「妻籠を守る住民憲章」制定 環境庁発足 児童手当法	1971	ローマ・クラブ『成長に限界を』
1972	田中角栄「日本列島改造論」発表	1972	国連人間環境会議（ストックホルム） 国際有機農業運動連盟（IFOAM）の結成〔本部：ドイツ〕
1973	自然環境保全法の施行 公害健康被害補償法の公布		
1974	名古屋の新幹線沿線住民，国鉄提訴 国土庁発足，雇用保険法	1974	欧州環境事務局の設置
1975	育児休業法		
1976	振動規制法施行	1976 1978/79 1979	セベソで化学工場事故（イタリア） ラブカナル事件（アメリカ） スリーマイル島原子力発電事故（アメリカ）
		1980 1980	社会サービス法（スウェーデン） スウェーデン緑の党の国会進出（20議席）
		1981	国連「国際障害者年」ノーマライゼーションの理念 国際有機農業運動連盟「有機農業基準」の作成
1982	老人保健法		

社会政策社会福祉に関する略年史

年	日本	年	世界
		1984	ブルントラント委員会初会合 フランス緑の党結成 EC 内の危険性廃棄物の越境移送の監視及び規制に関する指令
1985	男女雇用機会均等法	1985	EU，条件不利地域政策として給付金制度（ESA）の導入 知的障害者等特別援護法〔グループホーム〕（スウェーデン）
1986	高齢者雇用安定法	1986	チェルノブイリ原子力発電所事故（ソ連）
1987	障害者の雇用の促進等に関する法律	1987	ブルントラント委員会報告『地球の未来を守るために』出版
1988	特定物質の規制等によるオゾン層の保護に関する法律施行		
1989	高齢者保健福祉十か年戦略（ゴールドプラン）が大蔵・厚生・自治の三大臣により合意		
		1990	東西ドイツの統一
1991	包装容器リサイクル法の制定 再生資源の利用の促進に関する法律（リサイクル法）施行	1991	社会協同組合法（イタリア）
1992	絶滅の恐れのある野生生物の保護に関する法律の制定	1992	トム・キットウッド教授，ブラッドフォード認知症ケア研究グループ創立（イギリス） マーストリヒト条約（EU 設立） 環境と開発に関する国連会議（リオデジャネイロ） EU，農業環境規則の制定
1993	環境基本法の制定 省エネ・リサイクル支援法施行	1993	EU，環境マネージメントシステム「EMAS」の施行 EC 圏内における，また圏内外への廃棄物の移送を監視する省令
	高齢社会福祉ビジョン懇談会報告「20世紀福祉ビジョン」		
1994	厚生省，高齢者介護対策本部を設置 新ゴールドプランの策定	1994	公的介護保険法の制定（ドイツ）
		1996	シーア・コルボーン『奪われし未来』出版（アメリカ）
1997	包装容器リサイクル法の施行 地球温暖化防止条約京都会議	1997	フランス緑の党が国民議会で初議席を獲得
		1998	EU「CAP」の第 4 次改革
1999	特定非営利活動法人法（NPO 法）制定	1999	EU 単一通貨ユーロの誕生

年	日本	年	世界
	化学物質排出管理促進法の制定 ダイオキシン類対策特別措置法制定 「ゴールドプラン21」策定		
2000	介護保険法施行 社会福祉法施行	2000	国内の公立精神科病院の完全閉鎖、宣言（イタリア）
2001	家電リサイクル法の施行	2002	ユーロの紙幣と硬貨流通開始

（出所）　一番ヶ瀬康子監修『社会福祉のあゆみ——欧米編』（一橋出版，1999年）を参考にして作成。

参 考 文 献

1　本書全体に関して

　　＊　以下の書のなかには直接に引用していないものもあるが，私の思考や記述において大きな示唆や刺激を受けている。謝意を示しここに掲示する。

アレント，ハンナ『人間の条件』志水速雄訳，ちくま学芸文庫，1994年。
ウイリアムズ，レイモンド『キーワード辞典』岡崎康一訳，晶文社，1980年。
大野晋『日本語をさかのぼる』岩波新書，1974年。
小俣和一郎『異常とは何か』講談社現代新書，2010年。
加藤周一『日本文化における時間と空間』岩波書店，2007年。
木村敏『時間と自己』中公新書，1982年。
斎藤孝『身体感覚を取り戻す』日本放送出版協会，2000年。
斎藤忍随『プラトン』岩波新書，1972年。
中村雄二郎『哲学の現在』岩波新書，1977年。
中村雄二郎『術後集』岩波新書，1984年。
中村雄二郎『臨床の知とは何か』岩波新書，1992年。
中村雄二郎『術後集Ⅱ』岩波新書，1997年。
中山元『思考のトポス』新曜社，2006年。
中山元『思考の用語辞典——生きた哲学のために』ちくま学芸文庫，2007年。
平田清明『市民社会と社会主義』岩波書店，1969年。
藤井貞和『日本語と時間』岩波書店，2010年。
プーレ，ジョルジュ『人間的時間の研究』井上究一郎他訳，筑摩書房，1969年。
森有正『経験と思想』岩波書店，1977年。
レヴィナス，エマニュエル『他者のユマニスム』小林康夫訳，水声社，1990年。

2　各章ごとの参考書籍
〔第1章〕
阿部彩『子どもの貧困』岩波新書，2008年。
喜多明人ほか編『［逐条解説］子どもの権利条約』日本評論社，2009年。

橋本孝『奇跡の医療・福祉の町　ベーテル——心の豊かさを求めて』西村書店，2009 年。

〔第 2 章〕
キャルホーン，クレイグ『ハーバーマスと公共圏』未來社，1999 年。
経済企画庁国民生活局『海外における NPO の法人制度租税制度と運用実態調査』大蔵省印刷局，1999 年。
斎藤純一『公共性』岩波書店，2000 年。
セネット，リチャード『公共性の喪失』晶文社，1991 年。
豊田謙二『質を保障する時代の公共性』ナカニシヤ出版，2004 年。
花田達朗『公共圏という名の社会空間』木鐸社，1996 年。
ハーバーマス，ユルゲン『公共性の構造転換』細谷貞雄訳，未來社，1973 年。

〔第 3 章〕
ヴァイガー，H.／ヴィラー，H. 編『自然保護と有機農業』中村英司訳，農政調査委員会，2000 年。
大竹千代子・東賢一『予防原則』合同出版，2005 年。
カースン，レイチェル『われらをめぐる海』早川書房，1977 年。
加藤尚武『環境倫理学のすすめ』丸善ライブラリー，1991 年。
菊沢喜八郎『森林の生態』共立出版，1999 年。
コルボーン，シーア他『奪われし未来』長尾力訳，翔泳社，1997 年。
長谷川公一『環境運動と新しい公共圏』有斐閣，2003 年。
原田正純『"負の遺産"から学ぶ』熊本日日新聞社，2006 年。
原田正純『水俣への回帰』日本評論社，2007 年。
原田正純『宝子たち』弦書房，2009 年。
日高敏隆編『水と生命の生態学』講談社，2000 年。
福士正博・四方康行・北林寿信『ヨーロッパの有機農業』家の光協会，1992 年。
水俣病 50 年取材班『水俣病 50 年』西日本新聞社，2006 年。
森千里『胎児の複合汚染』中公新書，2002 年。

〔第 4 章〕
岩田正美『現代の貧困』ちくま新書，2007 年。

ヴェーバー，マックス『都市の類型学』世良晃志郎訳，創文社，1964年。
河野正輝『社会福祉法の新展開』有斐閣，2006年。
小松秀樹『医療の限界』新潮社，2007年。
社会保障研究所『ILO社会保障への途』東京大学出版会，1972年。
土田武史『ドイツ医療保険制度の成立』勁草書房，1997年。
バーンスタイン，ピーター『リスク』日本経済新聞社，1998年。
山野良一『子どもの最貧国日本』光文新書，2008年。
ロザンヴァロン，ピエール『連帯のあらたなる哲学』勁草書房，2006年。

〔第5章〕
共同作業所全国連絡会『ひろがれ共同作業所』ぶどう社，1987年。
古賀久『障がいのある人の地域福祉政策と自立支援』法律文化社，2009年。
諏訪さゆり編著『ICFの視点に基づく施設居宅ケアプラン事例展開集』日総研出版，
　　2006年。
豊田謙二編著『ウェルビーングからの生活環境づくり』ナカニシヤ出版，2010年。
中西正司・上野千鶴子『当事者主権』岩波新書，2003年。
浜田きよ子『介護をこえて』日本放送出版協会，2004年。

〔第6章〕
浦河べてるの家『べてるの家の「当事者研究」』医学書院，2005年。
大熊一夫『精神病院を捨てたイタリア 捨てない日本』岩波書店，2009年。
小林司『精神医療と現代』日本放送出版協会，1972年。
シュミット，ジル『自由こそ治療だ』半田文穂訳，社会評論社，2005年。
菅谷章『日本の病院』中公新書，1981年。
トリエステ精神保健局『トリエステ精神保健サービスガイド』小山昭夫訳，現代企
　　画社，2006年。
別冊宝島編集部『精神病を知る本』宝島社，1999年。

〔第7章〕
小澤勲『認知症とは何か』岩波新書，2005年。
キットウッド，トム『認知症のパーソンセンタードケア』筒井書房，2005年。
下村恵美子『九八歳の妊娠』雲母書房，2001年。

豊田謙二・黒木邦弘『〈宅老所よりあい〉解体新書』雲母書房，2009年。
浜崎裕子『コミュニティケアの開拓』雲母書房，2008年。
水野裕『実践パーソンセンタードケア』ワールドプランニング，2008年。
村瀬孝生『ぼけてもいいよ』西日本新聞社，2006年。
Naomi Feil『バリデーション』筒井書房，2001年。

〔第8章〕
金子郁容『ボランティア』岩波新書，1992年。
金子みすゞ『わたしと小鳥とすずと』JULA出版局，1984年。
栗原康『共生の生態学』岩波新書，1998年。
高田眞治『社会福祉内発的発論』ミネルヴァ書房，2003年。

むすびに

　西欧の都市のなかにあっても，とくに中世期以来継承された歴史的建造物の街並みを歩くと，街の中心に市庁舎と教会が屹立し，その前面を取り囲むようにして広場が拡がる景観に圧倒される。この空間に，土曜日には市が農産物や畜産品それに工芸産品などを提供する。セルフヘルプグループや環境NGO/NPOの集会や広報活動もこの空間で開催される。ここは，日常の私的生活をおおやけへと引き延ばし，言論と活動に委ねられる空間である。本書での公共性は，この公的な生活空間において構想されている。

　老人ホームの歴史も中世都市に遡る。ここに居住するには，かなりの出費を覚悟しなければならない。有料だからであり，それは創立当初から今日までで変わらない。だが同時にそれは援助施設でもある。居住・食事・介護の費用を自弁できない人も，支払える人も同じ条件でここに生活している。自弁できなければ，社会扶助（日本での生活扶助）を活用できるからである。同じ屋根の下に共に暮らすことは，社会的なこと，というお互いの合意が要る。

　無料の相談所は各地にある。そこに，行政はもちろん，非営利の福祉団体がソーシャルワークの一環として，子ども・青少年・あるいは高齢者などに，また病気や妊娠葛藤相談などにも対応できる専門家を配置している。一人ひとりの自由と権利を保障するものとしての，法制度とソーシャルワーク，本書ではその両面を「社会的なこと」として総称し，強調したつもりである。

　だが本書では，ソーシャルワークを体系的に，つまりソーシャルワーク論を展開していない。別の機会を得て，とくにヨーロッパのソーシャルワークをとりあげつつ，その実践を紹介したいと思う。また，「介護」や「介護保険」に関してもきちんと考察できなかった。ドイツの介護保険に関しては，ここ10年来の調査研究の蓄積があり，次の機会にその責を果たしたい。

本章全体をつうじて，わかり易い文章を，と心掛けたつもりである。カタカナも極力控えたが，ソーシャルワークだけは多用している。「ソーシャル」を強調したいがためである。本書で考察したテーマは学部および大学院での授業で取り上げ，共に考えたことである。私の拙い講義に，あいづちを打ちあるいは小首をかしげたり，そうして学生諸君は私に合図を送ってくれた。その共同的なやりとりのなかで本書が生まれた。しかも，授業料を払って傾聴していただいたのだから，これほど有難いことはない。

　なお，2004年度のファイザーヘルスリサーチ振興財団による研究助成，および2009 - 2011年度にわたる文科省海外学術調査の研究助成，これらのおかげでドイツでの認知症ケアに関する調査を進められている。深謝する次第である。

　末尾ながら，熊本学園大学大学院の荒牧弥生さんは，博士論文執筆で多忙でありながら，本書に目を通して校正していただいた，とくに記して謝意を申し上げる。ナカニシヤ出版の津久井輝夫氏には，指折り数えると3年にわたって私の原稿を待っていただいた。こうして拙著を文化的作品として世に出していただき，編集部の皆様にも，この場を借り改めて深く感謝を申し上げたい。

　2011年3月

豊田謙二

中
索　引

ア　行

アレント　126
ヴァイガー, H.　37
ヴェーバー, マックス　17, 127
小澤勲　100
越智俊二　97-99
越智須美子　97, 99
　　　　　＊
ICF　71, 75
Activity(＝活動)　74
アルツハイマー(病)　97-99, 101
医学の知　106, 107
医学モデル　96, 105, 106, 130
医の倫理綱領　98
医療保険　28, 45-47, 49, 80
　　──制度　83, 107
inclusion(＝包摂)　122
インフォームド・コンセント　99
ウェルビーイング　63, 65, 69, 71, 73, 105, 115
うち　14
浦河べてるの家　90, 93, 96
exclusion(＝排除)　122
エコロジー　122
エコロジカル　29, 30, 33, 36-39, 43, 44, 113, 123
　　──な循環　117, 124, 126
SOSキンダードルフ(＝SOS Kinderdorf)　4
ADA　70
　　──法　67, 68
NGO　37
NGO/NPO　21, 25, 26, 33
NPO　34
　　──法　22
　　──法人　23, 38, 128
おほやけ　15

カ　行

カーソン, レイチェル　35
加藤周一　58
金子みすゞ　122
川村敏明　94, 96
キットウッド, トム　105, 130
呉秀三　81, 82
ケインズ, J. M.　52, 53
小林ヨシエ　110
コルボーン, S.　33
　　　　　＊
外因性内分泌攪乱化学物質　34
介護　50
　　──保険　45, 49, 69, 70, 98, 101, 102
科学の知　31, 37, 96, 111-113, 130-134
確率　51
環境政策優先　31
環境ホルモン　34, 35
環境倫理　44
　　──学　43
慣行農耕　41
絆の関係　117
基礎年金　48
旧生活保護法　84
救貧制度　57
救貧法　133
共済年金　47
共済保険　46
共生　117, 124-127
兄弟団　18
近代市民社会　45
グループホーム　7, 58, 60, 102
グローバリゼーション　40, 117
ケアマネージャー　70
経済的なこと　59-61
健康保険　46, 55, 83
　　──法　56
権利擁護　72, 73, 90

公益的六福祉団体　27
公害　33
公共空間　21
公共財　25
公共性　12,21,22,24-26,73,114,116,117,125-128,134
公共的　24
公共的討論　26
厚生年金　47,49
交通バリアフリー法　68
公的　16
公的空間　14
公的なこと　19
公的年金　48,49,60
合理的配慮　62
国民皆保険　106
国民健康保険　45,46
国民年金　47-49,60
国民保険法　83
子どもの権利条約　7
子どもの村福岡　4
コミュニケーション　25
雇用保険　45,61,102
孤立　115,116,124
　——死　118

サ行

坂本しのぶ　29
下村恵美子　108,110-112

＊

財団　27
里親制度　4,5
失業　50,53
　——給付　133
　——保険　83
　——保険法　84
私的　16
児童福祉法　57
児童養護施設　6
市民社会　73
市民セクター　27,28
市民宣誓　17
市民的公共性　24
社会関係　102,103,127

社会協同組合　92,93
　——法　92
社会的　3,45,48,49,61
社会的自治　16,54
社会的(social)なこと　7,16,19,54-56,58,59,61,75,102
社会的入院　92,95
社会的排除　61
社会的包摂　61
社会的養護　5
社会的リスク　51,52,58
社会的連帯　54,58,61,99
社会福祉学　44
社会福祉法　57
社会保険　8,16,45,49,56,60,61,83,99
　——制度　46,51,52,54,55,57,59,83
　——方式　48
社会保障　9,55,59
　——制度　45,49,57,83
若年性認知症　97
若年認知症部門　103
循環論　37
障害基礎年金　100
障害厚生年金　100
障害者基本法　85,88
障害のある人　123
　——の国連権利条約　123
小規模多機能ホーム　108
消費税率　60
定礼　55,56
食物連鎖　31,35,36
心身障害者福祉法　84
スローフード　40
生活保護　60,102,121
　——(の)給付　59,61
　——事業　59
生活モデル　105,130
精神衛生法　84,86
精神障害者　85,133
精神障害のある人　80-85,87-90,92
精神障害の人の退院　95
精神薄弱者福祉法　84
精神病院　79-85,90-92,95
　——に入院　89

――の設立　87
――法　80, 82
精神病床　86
精神保健及び精神障害者福祉に関する法律　88
精神保健センター　92
精神保健福祉士　87
――法　88
精神保健法　87
生物学　44
生物多様性　122, 124
生命倫理学　43
セルフヘルプ　128, 129
全国精神障害者家族会連合会(全家連)　86
全国精神障害者団体連合会(全精連)　81, 88
添いの知　96, 106, 111-113, 127, 130, 133, 134
相互扶助　18, 52, 54, 55, 116, 125
――制度　52
――組織　16
疎外　96
ソーシャルワーカー　8, 11, 108
ソーシャルワーク　8, 10, 11, 32, 61, 70, 87, 109, 111, 113, 116, 117, 119, 121, 129, 133
――実践　110
ゾチアールアルバイト(＝Sozialarbeit)　11
ゾチアルペダゴーゲ(＝Sozialpädagoge)　11
そと　14

タ　行

平恭子　134
髙村光雲　78
髙村光太郎　78
髙村智恵子　78

＊

ダイオキシン　34
胎児性水俣病　30-32
建て増し　45, 58
多様性　126, 134

地域保健法　88
地球公共財(＝global public goods)　25
チャリティ法　27
つなぎ　117, 126, 134
つなぐ　121
ツンフト金庫　18
ディアコニー　8
デイサービス　101-103
DCM：認知症ケアマッピング
　(＝Dementia Care Mapping)　130
ドイツ基本法　43
ドイツ連邦共和国基本法　123
統合失調症　79
当事者主義　90, 129
登録社団(＝e. V.)　25, 27
登録チャリティ　27
特別養護老人ホーム　20
トリエステ県　90

ナ　行

ナイト, H.　51
ノゼック, M. A.　73

＊

日本国憲法　84, 123
認知症　100, 101, 107, 111, 112
――ケア　98, 108
――のある人　96-99, 106, 108, 112
――の人　95, 102, 105
ネット　119
ネットワーク　24, 118, 120, 127
年金制度改正　48
年金保険　45, 47-49, 60, 99
――法　52
ノーマリゼーション　67

ハ　行

バザリア, フランコ　90-92, 133
ハーバーマス, J.　24, 26
林園子　93
原田正純　30
ビスマルク　52
ファーストフード　40
フーコー　95, 96
ブーシコ, A.　15

フロイス,ルイス　13
ボーデンシュヴィング,フリードリッヒ・フォン　3

*

バザリア法　90
パーソン・センタード・ケア　104-106,130-132
パーソンフッド　131
Participation(＝参加)　74
ハートビル法　68
パブリック・ビュー　10
バリアフリー　3,66,67
ピアカウンセリング　72
非営利　25,26,28
　——組織　22,107
　——法人　8
非営利的　19,27
貧困　53,115,116
　——の時代　50
不確実性　51-53,55
福祉用具　64,65,68,70,76
　——活用　66
プライバシー　115
フランス人権宣言　77,123
ベーテル　3,7-10
法人格　22
保険原理　52,58,61
保険の給付　51
保険料　57
ボランティア精神　26
ボランティア団体　23

マ　行

水野裕　131
森千里　35

*

水俣病　29-32

——事件　33,34,37
未納者　48
未納付　48
未納率　47,60
民間非営利　93,95
むすぶ　13
無年金者　48,60
無保険　47
　——者　49,60

ヤ　行

ゆう　13
有機農業　37
有機農耕　37,38,40,41
有料老人ホーム　21
ユニバーサルデザイン　68
予防(の)原則　33,41-44
予防的方策　42

ラ・ワ　行

ライシャワー　85
レヴィナス　110
ロジャース,カール　130

*

リオ宣言　42
リスク　18,42,45,51,52,58,99
　——社会　50
REACH(リーチ)　43
リハビリテーション　69,70,72,73
　——法　68
連帯　52,55,125
労災保険　45
老人福祉法　58
労働基準法　84
労働者災害保険法　84
老齢年金　48
わたくし　15

■著者略歴

豊田謙二（とよた・けんじ）

1980年　名古屋大学大学院経済学研究科博士課程単位取得退学。
　　　　（専攻／社会福祉学・公共政策）

現　在　熊本学園大学社会福祉学部教授・博士。NPO福祉用具ネット理事長，NPO法人ふくおか自然環境保護協会理事長。

著　書　『九州・沖縄　食文化の十字路』（築地書館，2009年），『質を保障する時代の公共性』（ナカニシヤ出版，2004年），『ウェルビーイングからの生活環境づくり』〔編〕（ナカニシヤ出版，2010年），『「宅老所よりあい」解体新書』〔共著〕（雲母書房，2009年），他多数。

一人ひとりの社会福祉

2011年7月4日　初版第1刷発行

著　者　豊田謙二
発行者　中西健夫

発行所　株式会社　ナカニシヤ出版
〒606-8161　京都市一乗寺木ノ本町15
TEL (075)723-0111
FAX (075)723-0095
http://www.nakanishiya.co.jp/

© Kenji TOYOTA 2011（代表）　印刷・製本／創栄図書印刷
＊落丁本・乱丁本はお取り替え致します。
ISBN978-4-7795-0556-0　Printed in Japan.

◆本書のコピー，スキャン，デジタル化等の無断複製は著作権法上での例外を除き禁じられています。本書を代行業者等の第三者に依頼してスキャンやデジタル化することはたとえ個人や家庭内での利用であっても著作権法上認められておりません。

質を保障する時代の公共性
―ドイツの環境政策と福祉政策―

豊田謙二

公共性の位置づけや市民社会との連関を踏まえ、介護先進国ドイツの環境政策と福祉政策の事例を徹底的に検討し、さらにはごみ問題を始め、公的介護保険制度などの諸問題を総合的に研究した労作。

三七八〇円

ウェルビーイングからの生活環境づくり

豊田謙二 編著

自立支援を目指す挑戦と成果の最新報告。画期的な福祉用具の開発から、住宅のバリアフリー化の実例、そして研究組織の設立まで、よりよい住環境整備に向けた多様な取り組みの実態を紹介する。

二五二〇円

福祉実践と地域社会
―鹿児島の人と福祉のあり方―

特定非営利活動法人福祉21かごしま 監修
高橋信行・久木元 司 編著

地域福祉の先進地、鹿児島の経験を報告。実践で得た多くの成果や課題の集約・分析に加え、現場の福祉人たちの苦労・喜びまでを纏めた、福祉問題を考える人や福祉の道を志す人たちにとっての格好の手引書。

二六二五円

東アジアの社会保障
―日本・韓国・台湾の現状と課題―

埋橋孝文・木村清美・戸谷裕之 編

各国・地域における社会保障は、どのような共通点と相違点を持つか。少子高齢化、格差社会、財政難など、制度が直面する課題を豊富なデータを基に多角的に検証し、今後の政策の指針を示す。

二七三〇円

表示は二〇一一年七月現在の税込価格です。